Dr. Diana Kolb

Empathin trennt sich von Narzissten

AF217224

TAGEBUCH

Dr. Diana Kolb

Empathin trennt sich von Narzissten

Wie eine wahre Märchenliebe entsteht,
wenn die Schlechten ins Kröpfchen
und die Guten ins Töpfchen kommen

dielus edition
Bücher für ein besseres Leben

Empathin trennt sich von Narzissten, Dr. Diana Kolb
© 2018 dielus edition Leipzig, Impressum siehe: www.dielus.com
Alle Rechte vorbehalten.

Dieses Buch wird von einem unabhängigen Buchverlag verlegt. Es wird versichert, dass keine Beteiligungen durch internationale Investoren-gruppen, Großverlage oder sonstige Konzerne bestehen. Der Inhalt dieses Ratgebers folgt ausschließlich freigeistigen und fachlich orientier-ten Gesichtspunkten.

Des Weiteren ist dieses Werk urheberrechtlich geschützt. Dadurch be-gründete Rechte, insbesondere der Übersetzung, des Nachdrucks, des Vortrags, der Entnahme von Abbildungen und Tabellen, der Funksendung, der Mikroverfilmung oder der Vervielfältigung auf anderen Wegen und der Speicherung in Datenverarbeitungsanlagen, bleiben, auch bei nur auszugsweiser Verwertung, vorbehalten. Vervielfältigungen des Werkes oder von Teilen des Werkes sind auch im Einzelfall nur in den Grenzen der gesetzlichen Bestimmungen des Urheberrechtsgesetzes in der jeweils geltenden Fassung zulässig. Sie sind grundsätzlich vergütungspflichtig.

Bildnachweis Umschlag:	Dr. Diana Kolb
Bilder Innenteil:	Dr. Diana Kolb
Autorenfoto Umschlag:	Julia Körnig
Lektorat:	Maren Klingelhöfer
	www.maren-klingelhoefer.de
ISBN:	978-3-9819383-6-4

Made and printed in Germany

Bibliografische Information der Deutschen Bibliothek: Die Deutsche Bibliothek verzeichnet diese Publikation in der Deutschen Nationalbiblio-grafie; detaillierte bibliografische Daten sind im Internet abrufbar über https://portal.d-nb.de.

DAS WAR UND BIN UND BLEIBE *ICH*

VORWORT

Liebe Leserin, lieber Leser,

zu Beginn will auch ich kurz das Wort an Sie richten. Diana hatte vor der Veröffentlichung des Buches wahnsinnige Angst, dass sich die erwähnten Personen vielleicht falsch verstanden oder wahrgenommen fühlen und dadurch verletzt sein könnten ... Erst an zweiter Stelle stand die Angst, sich zu blamieren oder von ihrer Leserschaft verrissen zu werden.

Aber aus Angst, andere Menschen zu kränken, und aus Selbstschutz dieses Werk nicht veröffentlichen? Das wäre vielleicht sicherer gewesen. Doch wenn nur ein Mensch aus diesem Buch Mut schöpft oder es als Anstoß dient, einmal über sich selbst nachzudenken, hat Diana ihr Ziel mit der Veröffentlichung ihrer märchenhaften Geschichte erreicht.

Ich möchte auch betonen, dass Diana alle Personen, die in ihren Briefen an mich vorkommen, völlig subjektiv beschreibt. Sie sind Schauspieler in ihrem Leben, und wenn Sie ihnen im Leben begegneten, würden Sie sich vielleicht in den Bösewicht verlieben und den Superhelden unsympathisch finden.

Es könnte auch der Gedanke aufkommen, Diana könnte gelogen oder einiges nicht erzählt haben. Gelogen hat sie in meinen Augen nicht, weil sie ihre Gefühle und Gedanken ehrlich hat fließen lassen ... Weggelassen hat sie sehr viel, aber mehr Zeit hatte sie nicht zum Aufschreiben, und Sie wollen sicherlich kein zentnerschweres Buch lesen.

Zu erwähnen ist noch, dass Diana einige Gedanken in Form von Märchen oder Parabeln niedergeschrieben hat. Diese sind durch die Verwendung einer anderen Schrift von ihren tatsächlichen Erlebnissen abgesetzt, damit Sie dies gleich auf den ersten Blick erkennen.

Unabhängig davon hat Diana ihre wichtigsten und innersten Belange niedergeschrieben. Bitte lesen Sie dieses Buch deshalb mit Bedacht.

Das liebe Tagebuch

HSP-KRIEGERIN

MAN SIEHT NUR MIT DEM HERZEN GUT ...

09.07.2017

Liebes Tagebuch,

ich habe mich von Nic getrennt und bin mit Lillith und Carlotta wieder bei meinen Eltern eingezogen. Gerade sehe ich viele Menschen in meinem Alter, die wieder bei ihren Eltern wohnen. Ein beruhigendes Gefühl. Vor allem nach Trennungen zieht es die Menschen mit ihren Kindern erst einmal wieder zu Mama und Papa ins gewohnte Nest zurück. Hier kann man Wunden lecken und neue Kraft tanken, um dann weitere Schritte zu gehen. Mitte dreißig scheint ein Trennungsalter zu sein, in dem viele Ehen nicht standhalten. Der Bekannte meiner Kollegin hat sich von seiner Frau getrennt und wohnt wieder bei Mama, und auch mein Nachbar ist getrennt und lebt bei seinen Eltern. Er hat seine vierjährige Tochter alle zwei Wochen.

Ich bin nach dem Abitur ausgezogen und habe allein gelebt. Danach habe ich mit Nic in seinem Haus zusammen gewohnt. Das war ziemlich schwierig. Seine Ex und sein Kind haben über uns und die Schwägerin mit Familie hat unter uns gewohnt. Jetzt lebe ich wieder zu Hause. Es gibt Positives wie Negatives. So wäscht meine Mama meine Wäsche und die der Kinder. Ich habe wirklich ein schlechtes Gewissen, dass sie dies tut und ich ihr nicht helfe. Zum anderen aber ist es sehr komfortabel. Denn ich hasse Wäschewaschen und kann die Wäsche auch nicht so schön zusammenlegen wie meine Mama. Mein Papa ist ein bisschen cholerisch, aber es ist einfach lustig zu sehen, wie er seine Enkelkinder oftmals richtig anfährt, wenn sie ihn nerven (weil sie zum Beispiel mal wieder zu laut sind oder keine Hausschuhe tragen), und sie ihn trotzdem wirk-

11

lich sehr lieb haben, ihm das nie übelnehmen und vor Liebe laut aufschreien, wenn sie ihn wiedersehen. Kinder verzeihen. Kinder können vergessen. So hoffe ich auch, dass mir meine Kinder irgendwann die Trennung verzeihen. Es nagt an meinem Gewissen, dass es ihnen so schlecht geht, weil ich mich trennen musste. Jeden Tag tut es mehr weh, und die Schuld wiegt manchmal so schwer, dass ich nicht atmen kann.

Ich nehme mir eben alles sehr zu Herzen und halte mich für eine Elfe in einer falschen Welt. Meine Seele, die geschützt und gehalten werden möchte, gehört in einen zierlichen Körper. Leider bin ich 1,80 m, und meine großen Brüste haben bisher nur den Männern gefallen.

21.07.2017

Liebes Tagebuch,

heute ist Nics Geburtstag. Es war komisch, ihm dieses Jahr etwas zum Geburtstag zu schenken. Aber das habe ich mit Lillith, die inzwischen sieben ist, jedes Jahr gemacht. Ich liebe Geburtstage so sehr. Manchmal bin ich als Kind sogar um Mitternacht geweckt worden. Oder später, als ich dann ein Handy hatte, habe ich immer geguckt, wer mir als Erster gratuliert. Bei meiner Freundin ist es üblich, den Ersten, der ihr zum Geburtstag gratuliert, zum Frühstück einzuladen. Ich finde diese Tradition herrlich. Ich muss das unbedingt auch einführen.

Jetzt, wo wir getrennt sind, ist es merkwürdig, Nic etwas zu schenken, besonders weil ich vor zwei Monaten auch ein Geschenk von ihm bekommen habe.

Schon Tage vorher sagte meine Große, dass sie ein ganz tolles Geschenk für mich hätten. Jeden Tag bereitete sie mich darauf vor. „Ein super schönes Geschenk, ich habe es extra eingepackt und mit ganz viel Arbeit wunderschön bemalt." Ich habe es geöffnet. Mir ist die Farbe aus dem Gesicht gewichen. Es war so Kleinscheiß aus der früheren gemeinsamen Wohnung, Dinge, die so herumfliegen – alles, was Männer nicht gebrauchen können ... Ich habe wirklich einen Oscar für die geschauspielerte Freude verdient, obwohl mir eher zum Schreien oder Heulen zu Mute war. Nur für Lillith, die mich mit großen Augen erwartungsvoll anstarrte, habe ich mich zusammengerissen, was meinen Schmerz für den Moment erst einmal dämpfte.

Und weil ich ihm eigentlich gar nichts zum Geburtstag schenken wollte, aber eine Giftschlange dann doch übertrieben fand, entschied ich mich für: „den Kindern eine Freude machen und ein Bild malen". Was allerdings mehr darauf hinauslief, selbst an dem Bild zu malen und Lillith zu überzeugen, dass die Versuche, eine Kette zu machen, schon sehr gut seien und sie weitermachen solle. Vielleicht hätte ich sie an ihre Bemühungen für mein Geschenk erinnern sollen. Sie hat einen großen Perfektionssinn, was Kunst angeht, und kann sich schwer für ihre eigenen Produkte begeistern.

12.09.2017

Liebes Tagebuch,

ich war heute beim Friseur. Das kommt vielleicht 5- bis 6-mal im Jahr vor. Das letzte Mal wollte ich eigentlich absagen, weil mir vorher gesagt wurde, dass Nic das

Aufenthaltsbestimmungsrecht für die Kinder bekommen hat. Leider hatte ich wohl den ersten Termin des Tages und konnte nicht mehr stornieren. So bin ich doch hingegangen.

MEIN LEBEN VOR SECHS JAHREN

Meine Haare kann ich nur bürsten, wenn sie nass sind, sonst hab ich einen Mopp auf dem Kopf und mache meine Haare kaputt. Ich habe sehr starke Locken, und meine Haare sind sehr trocken. Da sagt die Friseurin doch tatsächlich zu mir, dass ich meine Haare aber nicht gepflegt hätte. Da musste ich ihr stecken, dass es mir beschissen geht. Dass ich meine Kinder gerade verloren habe, weil mein Mann sich an mir rächen und mich für die Trennung büßen lassen will. Danach war sie sofort ruhig.

Und heute, ein halbes Jahr später, fragt sie mich, wie es meinen Kindern geht und ob ich für mein Recht gekämpft habe. Und ich schaue diese Frau an und frage mich, woher sie das nach so langer Zeit noch weiß. Mich, die große, dicke Frau mit der großen Oberweite, hat diese Frau nicht vergessen, und das, obwohl sie so viele Menschen in diesem Jahr frisiert, mit ihnen gesprochen und ihren Geschichten gelauscht hat. Es rührt mich sehr und es macht mich glücklich. Vielleicht bin ich doch wertvoller und beachtenswerter, als ich denke.

16.09.2017

Liebes Tagebuch,
ich möchte meinem Nic nicht wehtun. Ich habe ihn ja mal geliebt. Aber wieso gibt er mir keine Möglichkeit, ihn zu mögen? Er hetzt meine Kinder gegen mich auf und stellt mich vor ihnen schlecht dar. Das fing an, als er mir etwas an den Kopf geworfen hat und sagte, ich solle das mit meinen vielen „Boyfriends" besprechen. Habe ich ihn so verletzt, dass er versucht, mich vor den

Kindern schlecht zu machen? Jeglicher Funken Liebe ist dadurch aus jeder Faser meines Wesens gewichen. Wie kann ein Mensch eine Mutter schlecht machen? Wenn er nur ein wenig Respekt vor mir hätte, würde er nicht schlecht über mich reden. Auch wenn er ganz furchtbar böse auf mich ist, was er ja sehr beteuert, nicht zu sein, dann tut man so etwas kleinen Kindern nicht an. Dann versucht man doch alles Schlimme, was den Kindern wehtut, zu verhindern. Er will Geld haben, und wenn ich wüsste, dass er meine Kinder dann in Ruhe lässt, dann würde ich ihm alles geben, was er will. Aber ich glaube, dass es nie genug sein wird.

Carlotta sollte ich an ihrem zweiten Geburtstag nicht sehen dürfen, weil Nic an diesem Tag die Kinder hat? Spät habe ich gemerkt, dass er mich nur am Boden sehen und „bitte, bitte" sagen hören wollte, damit ich sie sehen darf – das kleine Bündel, das ich neun Monate in mir getragen habe, das Kind, für das ich einen Bandscheibenvorfall fast ohne Schmerzmittel ertragen habe. Für sie habe ich mich vor ihm im letzten Moment kleingemacht und beinahe darum gefleht, dass ich sie an ihrem Geburtstag sehen darf. Und dann behauptet er, dass ich das Handrührgerät geklaut hätte, damit er für ihren Geburtstag keine Muffins backen kann. Er verdreht so viel und alles nur, um mich schlecht dastehen und für die Trennung büßen zu lassen, und das auf dem Rücken unserer Kinder. Wie kann man so etwas nur tun?

Ich habe mich vor ihm erniedrigt und ich bin, weil er es mir gnädigerweise erlaubt hat, morgens zu ihm gegangen, um ihm zu helfen, die Muffins zu backen. Denn das tut eine Mutter. Wie beim „kaukasischen

Kreidekreis" von Brecht lässt die wahre Mutter los, damit ihrem Kind kein Leid zu gefügt wird.

Früher habe ich die ganze Geburtstagsorganisation übernommen. Ich habe Geschenke besorgt und jeden Fitzel eingepackt, Ganz egal, ob für Nic, Lillith oder mich selbst: Ich habe Kuchen gebacken, die Party organisiert, Einladungen mit Lillith kreiert und verteilt, den Geburtstagstisch hergerichtet und schon Tage vorher die Geburtstagsstimmung aufgebaut. Ich konnte aber diesmal für Carlotta keine Party organisieren, weil ich erst viel zu spät gecheckt habe, dass sie ihren Geburtstag bei mir verbringen darf, wenn ich vor Nic auf die Knie gehe. Leider hatten dann die meisten Gäste keine Zeit mehr.

Ich hatte den Handmixer mitgenommen und den Standmixer bei Nic gelassen. Es war keine böse Absicht, dass ich ihm den Handmixer nicht gleich auf Anfrage gebracht habe ... Nach der Geburtstagsaktion sagte Nic, ich solle Dinge nicht mehr ungefragt mitnehmen. (Ich habe für Dinge, die mir gehören, nicht nachgefragt. Bei allem anderen habe ich gefragt ...) Das sind ja nicht alles seine Sachen, die ich zurückgelassen habe. Das Ausziehen und Mitnehmen der wichtigsten Sachen war wie ein kleiner Tod. Ich durfte erst mal nur das Wichtigste mitnehmen. Ich hab so viel zurückgelassen.

18.09.2017

Liebes Tagebuch,
ich war schon immer ein toughes und selbstbewusstes Mädchen. Nicht überheblich, eher lebenshungrig und

unbeschreiblich gutgläubig und naiv. Plötzlich lief mir Nick über den Weg. Er wirkte wahnsinnig attraktiv auf mich: so stark ... so selbstbewusst ... so völlig frei von jedweder Konvention –. ein Freigeist mit wundervollen Gedanken. Liebevoll ... voller verrückter Ideen ... lebenslustig ... lebensdurstig ...

Seine Krankheit (eine progressive Muskelerkrankung) war mir völlig egal. Ich liebte ihn so sehr und glaubte, uns würde nie etwas trennen. Er war so schillernd ... schlau ... hilfsbereit ... und dann stach ich mich an der Spindel, die ich im ganzen Land versuchte hatte zu verstecken. Ich fiel in einen hundertjährigen Schlaf, und als ich erwachte, sah ich neben mir auf dem Nachttischschränkchen meine rosarote Brille und musste erkennen, dass Nic und ich uns verändert hatten. Aber unsere Veränderungen waren nicht kompatibel. All meine Vorstellungen von Liebe konnten nicht mehr erfüllt werden. Ich habe schon immer an eine sehr romantische Form der Liebe geglaubt und festgehalten. Daran, dass man für den anderen alles tut, damit es ihm gut geht, und auf ihn aufpasst, ihn umsorgt und beschützt. Dabei habe ich wohl aufgehört, mich selbst zu lieben und auf mich selbst aufzupassen. Bereitwillig gab ich alles ab, womit ich mich ungern beschäftigte und ließ zu, dass Nic alles so regelte, dass es gut für mich ist. Aber wie soll das eine andere Person in diesem Unfang schon können?! Um die Harmonie nicht zu gefährden oder im Streit leben zu müssen, habe ich viel geschwiegen.

Ohne die rosarote Brille erkannte ich, dass Nic gar nicht auf mich achtete. Er tat alles erdenklich Gute für mich, ermutigte mich, bestärkte mich und half mir, stark zu sein, aber nur, wenn er dadurch keine Einschränkungen hatte. Ich sollte bereits vorher wissen, wie ich ihn unterstützen und helfen kann. Habe ich einmal nicht daran gedacht, dass er ja wegen seiner Krankheit zum Beispiel die Wäsche nicht aufhängen kann, war ich Schuld und wurde bereits am Anfang unserer Beziehung mit Nichtachtung gestraft. Ich konnte seinem Bild der christlichen, treusorgenden Ehefrau, die keine Widerworte gibt und seine Entscheidungen nie in Frage stellt, auch wenn sie weiß, dass es falsch ist, nicht gerecht werden. Ich habe alles so lange mitgemacht, weil ich dachte, das sei Liebe. Ich habe ihn alles machen und entscheiden lassen. Dummheit? Naivität? Liebe?

Ohne rosarote Brille kann ich wieder sehen. Gerade ist es meine persönliche Hölle. Nic hat versucht, mir die Kinder wegzunehmen. Er hat mir Geld genommen und er hat meinem Herzen Gewalt angetan. Ich weiß noch nicht, was noch alles kommt und wohin mich das Leben spült. Aber ich fühle, dass ich alles aushalten kann, wenn ich weiterhin an die Liebe glaube.

Für meine Kinder bin ich noch länger als gewollt in der gemeinsamen Wohnung geblieben und habe alle schlimmen Dinge erduldet. Sein ganzer gekränkter männlicher Stolz konnte mich nicht kaputt machen. Ich bin zwar in die Knie gegangen, aber ich bin wieder aufgestanden. Und ich werde weitergehen. Niemals stehen bleiben!

19.09.2017

Ich habe eine neue Blume gepflanzt. Sie ist so wunderschön. Ihre Farben strahlen, und wenn ich nur an ihr vorübergehe, dann muss ich innehalten und an ihr riechen, weil sie einen wundervollen und betörenden Duft verströmt. Dies bringt mich dazu, anzuhalten, einen Moment zu verweilen, zu atmen und zu genießen. Und dann kann ich sehen, dass da unter anderen wunderschönen Gewächsen eine Trauerweide und ein Dornenbusch stehen. Der Baum ist noch nicht sehr groß, aber ich habe seinen Samen mit meinen eigenen Händen in den Boden gepflanzt. Ich spürte beim Graben meine Finger in der kühlen, erfrischenden Erde und sprach eine Weile mit dem Regenwurm über Gott und die Welt. Das Samenkorn nahm sich dann jeden Tag das, was es brauchte, um zu wachsen. Jeden Tag war ich bei ihm und sah, wie es das erste Mal aus der Erde kam. Ich durfte miterleben, wie sich der kleine Baum immer nach der Sonne ausrichtete und immer größer und stärker wurde. Meine Trauerweide gibt keinen Anlass zu trauern. Ihre Äste hängen wie Arme von ihrem Stamm und öffnen sich jedem Menschen, der ihre Nähe sucht. Man kann unter ihr beschützt und versteckt verweilen und tauscht mit ihr Sauerstoff und Kohlenstoffdioxid. Man gibt das Verbrauchte ab und bekommt mehr als genug zum Leben. An warmen Tagen kann man sich hervorragend in ihrem Schatten aufhalten, und ich lese Geschichten von interessanten und aufregenden Menschen oder höre von Dingen, die mir zuvor verborgen gewesen waren. An Wintertagen kann ich, wenn ich unter ihr sitze, meinen Atem sehen und spüre mich selbst. Mein warmer Atem kommt in die Welt und trifft auf die kalte, eisige Luft der Umgebung. Mein Atem kühlt sich ab, und die darin enthaltenen Wasserstoffmoleküle beginnen zu tanzen und wirbeln so schnell und so schön umher, dass daraus sichtbarer Nebel wird. Dann finde ich die Ruhe in mir, einzelne gefrorene Tropfen zu betrachten, die an den Ästen verweilen, das Sonnenlicht brechen und mir dadurch kleine

Regenbögen schenken. Manchmal kommt dann der Wind hinzu und lässt diese Rainbowdots für mich in meinem Garten tanzen. Für jeden Menschen ist dort, unter meiner Salix babylonica, ein Ort zum Verweilen. An manchen Tagen bin ich überrascht, wer sich unter ihr alles findet. Dort gibt es Menschen, die ich früher in meiner unendlich großen Dummheit und Impertinenz als Penner bezeichnet hätte. Doch die Trauerweide gibt ihnen so viel Wärme. Manchmal muss sie auch mit ansehen, dass Hunde ihr Beinchen heben und sie zum Dank für ihre Hilfe anpinkeln. Aber sie lässt auch sie immer wieder unter ihren Armen verweilen. Liebende haben in ihren Stamm ihre Initialen eingeritzt und versuchen somit, ihrer Liebe Bestand zu geben. Und auch ich muss gestehen, dass ich Buchstaben in sie eingeritzt habe. Als das Harz aus ihr tropfte, wusste ich, dass sie für meine fixe Idee, Liebe so zu archivieren, bezahlt hat. Manchmal spielen Kinder auf ihren Ästen. Dann erscheint sie als ganz anderer Baum. Sobald Kinder sie berühren, wird sie zu einem Weidekätzchenbaum, und ihre Äste sind so stark, dass sie sich zum Klettern hervorragend eignen. Die Kinder haben eine Schaukel an ihr festgemacht, und manchmal setze ich mich dazu und darf mitspielen oder ich schließe die Augen und lausche dem Kinderlachen.

Ich habe die Trauerweide gegossen und dabei zugesehen, wie sich Moos auf ihr bildete und Pilze neben ihr wuchsen. Im Jahreslauf hat sie ihre Blätter verloren und wie ein Wunder jedes Mal wieder Knospen und kleine zarte Blätter hervorgebracht. Ich kenne jedes einzelne Blatt und bin wahnsinnig stolz darauf. Ich sehe ihr manchmal einfach nur gerne zu. Sie gibt mir so viel Kraft und lässt mich niemals aufgeben. Auch wenn ich die Wurzeln nicht sehen kann, weiß ich, dass sie wunderschön sind und schon jetzt sehr tief in die Erde gehen. Sie holt sich

Energie und Kraft aus dem Innersten der Erde und der Welt. Auch wenn ich mir manchmal einreden mag, dass ich sie durch meine kleine Gießkanne oder meine Streicheleinheiten wachsen lasse, so weiß ich sehr wohl, dass sie ihre Stärke aus dem Urinnersten der Welt zieht, und auch diese Erkenntnis beruhigt mich, da ich weiß, dass sie stark ist und mit jedem neuen Tag noch stärker wird und ich keine Schuld daran trage, wenn ich in meinem jugendlichen Leichtsinn und amourösen Gedanken Buchstaben in sie ritze. Das ist zwar nicht schön, doch sie geht dadurch nicht kaputt.

Meine kleine Trauerweide ist perfekt, so wie sie ist - jeder einzelne Ast, jedes Astloch, ihre Rinde und Blätter ...

Meine Dornenhecke ist ganz verworren. Jeder Ast bahnt sich mit unglaublicher Kraft seinen Weg durch das Dickicht meines Gartens. Jeder einzelne Zweig ist voller Lebensenergie. Unglaublich schnell ist sie gewachsen, und wenn ich mich einmal für ein paar Sekunden umdrehe und ihr den Rücken zukehre, ist sie auch schon wieder 10 Zentimeter höher und hat neue Triebe ausgeworfen wie Angeln. An jedem Ende hängt ein Herz und lächelt zufrieden und voller Liebe. Manchmal, aber nur manchmal, wenn sie Lust dazu hat, färbt sie ihre Rosenblüten in alle Farben - von klassisch Rot, Weiß und Gelb bis hin zu ungewöhnlich Türkis. In sehr seltenen Momenten gibt es auch Glitzerrosen oder Regenbogenrosen zu entdecken. Wenn man eine Weile neben der Hecke verweilt, kann man regelrecht dabei zusehen, wie ihre Äste sich langsam um Herz und Seele wickeln, und dann kommt man so schnell nicht wieder von ihr los. Ihre Wurzeln sind noch nicht sehr dick, doch sie sind so zahlreich, dass sie den gesamten Boden überdecken. In jede kleinste Ecke reicht diese wunderschöne Hecke.

Baum und Hecke, alle Blumen, Tiere, Insekten und Menschen, auch das schöne *Unkraut*, alles hat seine Berechtigung in diesem geheimen und zugleich öffentlichen Garten. Und auch wenn nicht immer alles und jeder im gleichen Maße verstanden wird, so hat alles seine Richtigkeit und ist perfekt.

20.09.2017

Liebes Tagebuch,

mir tut so viel leid. Es tut mir leid, dass Nic so mies ist. Vielleicht wäre ich ja wieder zurückgekommen, wenn er sich nicht so unmöglich verhalten hätte. Dabei hat er mir gesagt, dass wir uns in drei Jahren trennen werden. Ich sei dann nicht mehr im Circle (damit meinte er den innersten Kreis unserer Familie), und er werde auch nichts tun, um mich wieder zurückzuholen. Er sei ein Prophet und ein Gesandter Gottes. Ich habe alles versucht, um eine gute Frau zu werden. Ich habe versucht, dem ganzen Quatsch von „Folgen" und „sich dem Kapitän unterordnen" zu leben und meine Rolle als First Mate, die nicht widersprechen oder in die Leitung eingreifen darf, zu erfüllen. Dadurch hat Lillith aber ein furchtbares Frauenbild bekommen. Sie glaubt, dass Männer die Führer sind und dass die Frau dem Mann zu folgen hat, ohne zu widersprechen.

Ich gebe mir für so vieles die Schuld: dafür, dass meine Kinder in einen Kampf geraten sind, den sie eigentlich gar nicht mitkämpfen sollten; dafür, dass meine Mitarbeiter von ihrer Monsterchefin gefressen werden; dafür, dass meine Eltern so eine große Mehrbelastung haben; dafür, dass die Krankenkasse für mich bezahlen muss, weil ich nun krankgeschrieben bin; und dafür, dass Menschen mich kennenlernen müssen, wie ich gerade am Boden liege.

NIC

22.09.2017

Liebes Tagebuch,

jeder Mensch hat seinen eigenen Weg. Dieser Weg sieht ganz unterschiedlich aus. Mein Weg ist ein kleiner geschwungener Schotterweg. Ganz oft ist er sogar eher nur ein Trampelpfad im Wald, über den sich Wurzeln hin und wieder ihren Weg bahnen. Er ist von wuchernden wilden Pflanzen eingezäunt.

Und dann kam diese vierspurige Autobahn mit bunten Laternen und Straßenmusik. Ich habe meinen Weg völlig außer Acht gelassen und bin, ohne nachzudenken, blind vor Liebe und Euphorie auf diese Autobahn gesprungen. Anfangs war alles so aufregend und neu. Ich hielt meinen Blick immer auf diese Straße, weil ich hier so neu und unsicher war. Es war ja nicht mein Weg. Alles war hier so unbekannt und spannend.

Heute weiß ich, dass niemand einen anderen Menschen glücklich machen kann. Man kann nur sich selbst glücklich machen. So, wie man keinen anderen Menschen ändern kann. Wie vermessen allein der Gedanke schon ist. Man kann nur sich selbst und die eigene Sicht auf sich und die Dinge ändern. Denn erst, wenn man sich selbst liebt und mit all seinen Talenten, aber besonders auch mit all seinen Fehlern akzeptieren kann, dann kann man andere Menschen lieben.

Ich war so klein auf dieser fremden Autobahn. So unsicher ... Nicht ich selbst ... Zwar hatte er mich an die Hand genommen und mir viel gezeigt und beigebracht. Wie man eine Rettungsgasse bildet, wie man von links überholt und auch manchmal von rechts, wenn es sein muss. Er zeigte mir die Lichthupe, und ich durfte ganz schnell fahren. Ich hörte unterschiedliche Musik auf unterschiedlichen Streckenabschnitten, und manchmal blieben wir stehen und sahen uns die bunten Lichter an. Es war toll. Nur nachher, als wir dann am Ende abbogen und vor die Wand fuhren ... Und das immer und immer wieder ...

Aber ich habe meinen Weg verloren. Ich war Teil dieser Autobahn. Doch hat sie mich zu dem gemacht, was ich heute bin? Nein! Ich bin immer noch die Gleiche. Ich habe nur meinen Trampelpfad verlassen und eine Zeitlang vergessen. Aber dieser Weg ist nicht besser oder schlechter als eine Autobahn. Doch ich habe ihn sehr lange nicht gesehen, weil er von der Autobahn aus so klein und unscheinbar erschien. Bei näherer Betrachtung ist dort immer wieder Neues und Wunderschönes zu entdecken. Es könnte mich bekümmern, dass ich so lange nicht meinen eigenen Weg gegangen bin. Aber ich kann diesen Weg auch einfach wieder einschlagen.

Und so denke ich funktioniert die Liebe. Zwei Menschen ... Zwei Wege ... Man geht einfach eine Zeitlang gemeinsam auf dem einen Weg, und dann geht man gemeinsam eine Weile auf dem Weg des anderen. Die Liebe sorgt dafür, dass beide Wege gemeinsam so unendlich schön gestaltet werden und es eine Freude und Wonne für jeden Menschen ist, darauf eine Zeitlang zu verweilen. Aber man darf nie seinen eigenen Weg außer Acht lassen. Das habe ich jetzt gelernt.

24.09.2017

Liebes Tagebuch,
heute habe ich so viele Rollen eingenommen, dass ich keine Ahnung habe, wer ich davon wirklich bin. Bin ich

tatsächlich alle diese Menschen? Heute Morgen bin ich aufgewacht und musste zum Arzt, um mich weiter krankschreiben zu lassen. Ich war die gebrochene Frau, die momentan keine Kraft hat zu arbeiten, weil sie versucht, das Wichtigste in ihrem Leben zu beschützen, ihre Kinder; ich war einer der vielen Menschen mit Burnout und einer angehenden Depression.

Ich kann jetzt wirklich sagen, dass ich hart an mir arbeite. Hätte ich aber so weitergemacht, hätte ich weitergearbeitet, dann wäre ich da, glaube ich, so tief reingerutscht, dass ich nicht mehr so einfach rausgekommen wäre. Da spricht wohl die Clownin in mir – die Person in mir, die versucht, alle Dinge so zu nehmen, wie sie kommen, und damit zu arbeiten, die versucht, darüber zu lachen und das Beste aus allem zu machen. Wenn man die Dinge aus einem anderen Blickwinkel betrachtet, kann die schlimmste Situation wirklich zum Lachen sein, und dann kann dieses Lachen befreien, und man kann der Situation auch aus einem Schritt Entfernung gegenübertreten.

Dann habe ich Ben getroffen, den Mann, in den ich mich verliebt habe, und ich war Frau. Er kam ganz plötzlich in mein Leben, und ich dachte, er könnte der starke Part neben mir sein, der mich aus dem Loch holt. Ich war die sexy unabhängige Frau, die sich nimmt, was ihr gefällt, und egoistisch ist.

Irgendwann kam Lillith und sagte mir, ich müsse unbedingt helfen und versuchen, die Tür bei Papa zu öffnen. Ich ging schnell als sorgende Mutter rüber. Nic sagte, ich hätte die Tür manipuliert, damit er nicht in seine Wohnung kommt, genauso wie ich extra den Stecker gezogen hätte, damit die Lebensmittel im Kühlschrank auftauen. Er sagte dann auch noch, dass er nicht verstehen könne, warum ich ihm als Wiedergutmachung 50 € gegeben habe. Lillith fragte, ob ich das wirklich extra gemacht hätte und nicht daran gedacht hätte, dass sie ja auch essen müssten, wenn sie bei Papa sind, und sonst verhungern würden. Ob Nic denkt, dass ich wieder zu ihm zurückkomme, wenn er sich mir gegenüber so benimmt?

Die Kinder wollten mich danach nicht gehen lassen und haben geschrien und geweint und sich an mich geklammert. Dann war ich die Rabenmutter, die gegangen ist, um an der Situation nicht zu zerbrechen. Und den nächsten Tag fragt er mich doch tatsächlich, ob ich das kommende Wochenende die Kinder habe. Wenn ich sie fünf Tage nicht habe oder der Tag kommt, wenn ich sie abgeben muss, dann bildet sich in mir ein Stein, der mit jedem Tag größer wird. Und er vergisst es einfach? Den einen Tag ist er furchtbar nett und den nächsten Tag beleidigt er mich und setzt mich einem kaum auszuhaltenden Druck aus.

Panikattacke

Es ist, als würde ich gleich platzen. Jede Faser meines Körpers ist angespannt. Selbst das Tippen fällt mir schwer.

Es kommt mir vor, als wäre ein Gefäß voll und kurz vorm Überlaufen. Ein Tropfen rinnt über den Rand, wie eine Träne. Es tut sehr weh und ist kaum auszuhalten. Es ist so, als ob mein Herz gleich zerspringt, und ich habe große Angst, dass es dann kaputt ist und sich nicht mehr heilen lässt.

Es sind Überforderungen und Ängste, die mich hinunterziehen in diese dunkle Welt, in der ich nicht atmen kann. Sie ziehen und zerren an mir mit irren dünnen knochigen Ärmchen. Und dennoch haben sie eine gewaltige Kraft. Ich habe Angst, nicht stark zu sein, und ich lasse mich immer ein Stückchen weiter hinunterziehen. Jeder Gedanke, den ich nicht ganz richtig fassen kann, ist so negativ, dass er den Armen ziehen hilft.

Und dann, wenn diese toten Arme mich am Boden festgezurrt haben, kommt ein Taucher, der mir seine Sauerstoffmaske leiht, oder ein Fischschwarm, der meine Fesseln zerbeißt, so dass ich wieder zur Oberfläche zurückfinde. Ich muss nur noch lernen, nicht schon zu ertrinken, bevor diese Rettung da ist.

27.09.2017

Liebes Tagebuch,

ich war heute wegen meiner Knie bei dem Physiotherapeuten meines Vertrauens. Ich musste ihn fragen, ob Schmerzgel und Physiotherapie wirklich einen Knorpelschaden beheben können. Aber das ist eigentlich wirklich nicht möglich. Man könne Beschwerden lindern und versuchen, dass das Knie durch Strecken und Entlasten wieder Knorpel aufbaut. Tolle Sache so ein Körper. Meine Hausärztin sprach gestern, als ich ihr den Arztbrief vom Orthopäden gegeben habe, auch von psychosomatischen Symptomen. Kann mein Knorpelschaden wirklich durch meine psychisch instabile Situation hervorgerufen sein? Ich denke eher die Eiweißablagerung, die durch Fehlhaltung, falsche Belastung und auch Überbelastung in meiner linken Schulter gesessen hat, kommt ein wenig daher. Eigentlich sollte jeder Mensch einen Psychologen und einen Physiotherapeuten haben, um die eigenen Bestrebungen, gesund und fit zu bleiben, zu optimieren.

TAGEBUCH

LEBEN MIT EINEM NARZISSTEN

Ich mache meinen Körper durch Sport und gesunde Ernährung fit. Das klingt jetzt wirklich leichter, als es tatsächlich ist.

Ich versuche so lange schon abzunehmen. Aber ich esse einfach so furchtbar gerne. Besonders Schokolade, aber auch Chips mag ich gern und deftiges Mittagessen. Zum Glück liebe ich auch Salate und Fleisch. Damals habe ich die Atkins-Diät probiert. Ich durfte keine Kohlenhydrate essen und habe 20 Kilo abgenommen. Leider nahm ich dann rapide wieder zu, weil ich schwanger war und die Diät so nicht fortsetzen durfte. Blöde Sache.

Aber gestern konnte ich sogar auf Schokolade verzichten, als mein Freund Ben mir welche anbot. Zuerst war ich sehr verletzt, als er mich im Streit wegen meines Gewichtes beleidigt hat. Aber im Endeffekt hat er mir damit nur aufgezeigt, dass dies ein wunder Punkt ist, den ich ändern muss, um glücklich zu sein. Solche Erkenntnisse können dann durch einen Psychologen nur gefestigt werden. Hatte ich doch wirklich früher den Gedanken, dass man zum Psychologen geht, wenn man ein Psycho ist. Vielleicht stimmt das auch so. Dann sind wir aber wirklich alle ein bisschen Psycho. Die einen arbeiten dann an sich, und die anderen lassen den Psycho in sich einfach so nebenherlaufen.

Es ist gerade ein tolles Gefühl. Mein Physioheld hat mich heute echt bearbeitet. Er meinte, dass es wirklich unglaublich ist, dass man mit solch einem Schaden und solchen Schmerzen so lange herumläuft. Bin ich schon so viele Schmerzen gewöhnt, dass ich das mit Leichtigkeit aushalte und gar nicht auf die Idee komme, mir Hilfe zu holen? Doch jetzt hole ich mir ja Hilfe:

Gestern der Anwalt, davor die Psychologin und heute gehe ich zum Jugendamt und hoffe, man gibt mir Tipps, wie ich für meine Kinder am besten da sein kann.

Das Jugendamt will jetzt einfach mal unangemeldet vorbeischauen und gucken, wie es bei Nic zu Hause so läuft. Das nimmt mir ein wenig den Druck. Ich muss ihm eigentlich die Kinder wegnehmen. Nicht, weil ich sie ihm nicht gönne oder weil ich denke, dass er ein so schlechter Vater ist. Ich habe ihn ja mal sehr geliebt. Nic hat eine chronische, progressive Muskelerkrankung. Er hat jeden Tag Schmerzen. Zwar gibt es gute und schlechte Tage, aber all sein Leiden fühlte ich mit ihm. Am Anfang unserer Beziehung war er so lebensfroh, so lebensdurstig und lustig. Das habe ich an ihm am meisten geliebt. Aber die Krankheit hat ihn mit der Zeit verändert. Und sie hat auch mich verändert.

Er ist einfach nicht in der Lage, sich um zwei Kinder alleine zu kümmern. Dies kann schon sehr anstrengend sein, wenn verschiedene Termine eingehalten werden müssen oder man einfach müde ist, weil zuerst die eine einen Albtraum hatte und bis sie wieder eingeschlafen ist, die andere am Bett steht oder in ihrem Bettchen schreit. Ich tue das gerne, weil ich weiß, wofür ich es tue – nämlich für meine Kinder, damit sie später einmal stolz auf mich sind und zu starken Frauen werden, denen die Welt nicht mehr viel anhaben kann und die selbstbewusst und sicher Probleme lösen können.

Manchmal macht es den Eindruck, als ob Nic die Kinder absichtlich kaputt machen oder ihnen schaden will, um sich an mir zu rächen. Er hat ja schon mehrfach gesagt, dass ich einen Fehler gemacht habe und jetzt zu stolz sei, um wieder zurückzukommen.

01.10.2017

Liebes Tagebuch,

ich habe mir gestern eine sehr lange Nacht bereitet. Als ich vor zwei Tagen beim Jugendamt Hilfe gesucht habe, gab mir meine Sachbearbeiterin einen Informationszettel zum Thema Unterhaltszahlungen beim Wechselmodell. Meine zuständige Jugendamtsdame ist gar nicht so schlimm. Ich glaube, sie ist ein Fuchs, geht total in ihrem Beruf auf, hat Haare auf den Zähnen und lässt sich nicht die Butter vom Brot nehmen. Aber über sie wurde schon viel Negatives berichtet, und dies hat mich zuerst irgendwie kirre gemacht. Anscheinend lasse ich mich schnell zu voreiligen Meinungen mitreißen. Das ist keine schöne Angewohnheit. Zumal die Jugendamtsdame wirklich nett zu sein scheint ...

In meiner Schulzeit gab es ein Mädchen, über das immer schlecht gesprochen wurde. Irgendwie hatte sie für mich etwas Dominantes und Bedrohliches an sich. Ich kannte nicht viel von ihr, und dennoch so viel, dass ich sie damals nicht mochte, keine Ahnung warum. Ich hätte sie ja auch nur unangenehm finden und ihr aus dem Weg gehen können. Aber ich mochte sie regelrecht nicht und habe dann auch angefangen, schlecht über sie zu reden. Ich bin Mitläufer, faul und auch echt feige. Traurig. Schon damals, als die Mädchenschlägerbande meine beiden Freundinnen verkloppen wollte, stand ich nur daneben und hab nichts gemacht. Ich bin Mitläufer, faul und auch echt feige. Schon krass, dass jemand wie ich überhaupt so weit gekommen ist, ohne dafür die Rechnung zu zahlen.

Auch als damals die Ex von Nic herumerzählte, dass die Tochter nicht mehr zum Spielen zu einem Mädchen dürfe, weil der Vater sie so komisch auf dem Schoß hatte, habe ich zwar versucht, nicht an diese Gerüchte, die ja schon Rufmord sind, zu glauben, aber in der hintersten Ecke ist doch etwas kleben geblieben. Aber vielleicht ist da gar nichts dran oder noch viel mehr … Ich habe diese Informationen ja über Nic, der hat seine Ex eigentlich nie geliebt. Er hat sie teilweise so richtig gehasst. Was ist, wenn sie das nie gesagt hat oder in einem ganz anderen Kontext? Was noch schlimmer für mich ist, dass ich immer dachte, diese Frau ist echt ein Psycho. Ich habe so viel Schlechtes über sie gehört. Sie habe Rasierklingen in der Wohnung verteilt, damit er denkt, dass sie sich umbringen will. Sie habe mehrere Blackouts durch emotionale Ausraster und Nervenzusammenbrüche gehabt. Sie habe ihn im Streit geschubst, wobei seine Bauchmuskeln verletzt worden seien und irreparable Schäden davongetragen hätten. Sie sei hochgradig depressiv. Was aber ist, wenn das gar nicht wahr ist? Ich meine, ich habe sie erlebt, wie sie mich zur Begrüßung strahlend in den Arm genommen hat, als ich als Schauspielerin gearbeitet habe.

Sie hat manchmal ihre Tochter so angeschrien, dass ich es ein Stockwerk tiefer gehört habe und mir wirklich das Blut in den Adern gefroren ist. Sie hat mich auch einmal indirekt angeschrien. Ich war bei der Ballettaufführung ihrer Tochter, zu der mich die damals 4-Jährige eingeladen hat. Und da hat sie sich bei Nic so laut über mich ausgelassen, dass ich es durch den ganzen Ballettsaal gehört habe. Dann habe ich einen Brief geschrieben. Ich habe versucht, ihr zu erklären, dass ich ihr das Kind nicht nehmen will. Da war es noch ein süßes vierjähriges Mädchen. Es hat ja bei Mama und Papa im Haus gewohnt. Nic hat sich sehr viel um seine Tochter gekümmert. Dann hat der Kontakt immer mehr abgenommen, und heute posiert sie mit Duckface bauchfrei bei Facebook und WhatsApp. Sie hat mich richtiggehend beschimpft mit ihren 15 Jahren. Sie meinte, ich wäre eine Schande und sollte mich schämen. Sie schrieb, dass ich nicht bei Lilliths Einschulungsfeier dabei sein will, und obwohl ich im Vorfeld zugesagt hätte, würde ich es nicht machen, nur um ihren Papa eins auszuwischen. Wie kommt sie darauf?

Ich habe letztens die Mutter eines Mitschülers von Lillith getroffen. Sie meinte auch, dass Nic in einer ganz anderen Realität lebe und den Blick für sein Umfeld verloren habe. Er hält sich selber für das Opfer und für perfekt. Wie ein Narzisst verhält er sich. Das hat mir meine Freundin gesteckt. Ihr Ex war auch so. Nic sollte als Elternsprecher die Einschulungsfeier organisieren. Er hat gesagt, dass er schon alles im Griff habe und alles laufe.

Gar nichts ist gelaufen, und das haben alle anderen auch gesehen. Und dann hat er groß rumgetönt, dass seine Frau die gesamte Dekoration übernehme und überall da einspringe, wo jemand gebraucht würde. Ich habe wirklich keine Ahnung, welche Frau er meinte. Denn er selbst hat mir davon gar nichts gesagt. Ein paar Mütter, die dabei waren, haben mich informiert. Ich habe dann gewartet, und als nichts kam und die

Duckfacehalbschwester nichts gesagt hat (und ja auch gar nicht bei der Einschulung dabei war, weil sie nie etwas wirklich interessiert hat), da habe ich mal nachgefragt, wie und wann jetzt die Feier stattfinden soll. Ach ja, ich wurde vorher noch von Nic gebeten, ihm den Kompressor meines Vaters zu geben und 30 Hotdogs zu besorgen. Das war gar nicht mit der Schule abgesprochen worden, solche Kosten hätte die Schule übernommen, wenn die Idee gut gewesen wäre. Aber von den ganzen Omas, Opas, Tanten und gestressten Eltern war so ein komplizierter Hotdogbau nicht erwünscht. Ich hätte das gerne gesehen. So eine Uraltoma mit Ikea-Hotdogselbstbau … Nic hat auf jeden Fall dann herumerzählt, ich würde mich weigern, und er habe mich vor den Sommerferien über alles informiert. Das stimmt aber wirklich nicht. Manchmal vergisst man ja solche Dinge. Aber ich schwöre, dass dies nicht abgesprochen war … Na ja… Jetzt hat mich Nics erste Tochter, das Möchtegernmodell, gedisst und danach auf allen sozialen Plattformen geblockt.

Aber nicht nur diese Geschichten lassen mich an der Meinung, die man sich über Menschen so schnell bildet, zweifeln, obwohl man doch tatsächlich gar nichts über diese Person weiß.

Das Mädchen aus der Schule, die ich auch blöd behandelt, über die ich schlecht gesprochen und über die ich mich aufgeregt habe, weil sie wegen ihrem Freund abgenommen hat, war später eine meiner engsten Freundinnen.

Nun war ich heute noch einmal beim Jugendamt. Der nette Herr sagte mir, dass man im Falle eines Wechselmodells nicht zahlen müsse, weil es ja dann aufs Gleiche rauskäme und man sich ja über Kreuz Geld gäbe.

Zu Hause habe ich dann noch mal das Informationsblatt gelesen, und da stand für mich ganz klar geschrieben, dass der Mehrverdienende dem Geringerverdienenden Geld zahlen müsse, und das Ganze wurde mit einem Rechenbeispiel versehen, welches ich in keiner Weise verstanden habe. Ich war so sauer. Ich habe die ganze Nacht gegrübelt und wenig geschlafen. Aber ich war heute Morgen noch mal im Amt.

Der Herr war wieder sehr freundlich, hat sich alles in Ruhe angehört und dann gesagt: „Das Ganze gilt nur bei Scheidung. Hier oben in der Kopfzeile steht es." Ich hatte die Worte meines Vaters im Ohr: „Lass es dir schriftlich geben." Aber dazu konnte ich mich wirklich nicht durchringen. Zumal der Mann auch wirklich so nett und geduldig mit mir war.

Und dann hat er etwas gesagt, wodurch er sich zugleich zu einem weiteren Therapeuten für mich herauskristallisiert hat. Er sagte: „Sie werden in der nächsten Zeit kein beruhigendes Gefühl bekommen. Sie werden es ihm nie recht machen, und er wird immer mehr verlangen, und wenn sie ihm ein Türchen öffnen, dann wird er weitere Türen gewaltsam aufbrechen." Es war für mich in dieser Situation beruhigend zu sehen, dass ich eigentlich wirklich nicht so viel machen kann, so viel kämpfen kann, wie ich vielleicht gerade von mir erwarte. Ich muss zurzeit lernen, abwarten zu können, auszuharren und nicht so viel zu spekulieren. Die Zukunft kommt mit Sicherheit und klopft schon morgen an die Tür.

Aber nicht nur die Friseurin, meine Kinder, meine neue Psychotherapeutin, meine beste Freundin und meine Ex-Kollegin haben mir durch viele Krisen geholfen, sondern sogar auch Freunde aus dem Internet. Durch sie habe ich gelernt, dass ganz schlimme Situationen auszuhalten sind. Wenn der Puls ganz oben war und ich dachte, es zerreißt mir das Herz, weil so ein starker Druck darauf liegt, dann waren sie da und haben mich beruhigt. Ich habe geschrieben. Ich habe mir alles ehrlich von der Seele geschrieben. Ich bin auch so ein Typ dafür. Allein kann ich mir nicht so gut Gedanken machen. Ich habe dann das Gefühl, ich habe keinen Spiegel und mir fehlen andere Perspektiven, und die kann ich in diesem Moment nicht einnehmen, weil ich so viel mit mir selbst zu tun habe.

Außerdem muss ich das alles rauslassen. Ich schäme mich manchmal dafür, wie ich bin. Aber wenn ich anderen meine Geschichte erzähle, dann spiegeln sie mir, dass es nicht so schlimm ist, wie ich gedacht habe, und dass der Weg, den ich eingeschlagen habe, richtig ist.

AUFTANKEN

05.10.2017

Es war einmal ein kleines Mädchen, das war sehr unbedarft und lebte in einer kleinen Höhle. Im Winter war es manchmal etwas kalt, und das Leben dort war etwas härter, doch dann kamen die Tiere der Umgebung und brachten dem Mädchen zu Essen, warme Decken und liebevolle, wärmende und energiespendende Gedanken, die es dankend und voller Demut annahm. Im Sommer trank es das Wasser aus der Quelle neben seinem kleinen Reich, aß die Beeren, die ihm unter die kleine Stupsnase kamen, und wärmte seine Seele in der Sonne. Das Mädchen liebte es, auf Blumen Trampolin zu springen oder in Tautropfen zu schwimmen.

Es war glücklich und zufrieden und schenkte allen Lebewesen in seiner unmittelbaren Umgebung Liebe und bekam diese Liebe doppelt und dreifach zurück.

Eines Tages kam ein böser Troll und sagte dem Mädchen, dass es seinen fliegenden Teppich auf seinen Namen umschreiben lassen müsse, sonst würde er sich in der nächsten Woche in Luft auflösen. Zuvor lief der Teppich nämlich auf den Namen der Kröte, die es geheiratet hatte und der es ihr Leben in die Krötenhände gegeben hatte.

Bei dem kleinen Mädchen machte sich Angst breit. Wie sollte es ohne fliegenden Teppich die Welt kennenlernen? Es hatte sich am Sterbebett seiner Mutter geschworen, das Leben zu leben, jeden Moment zu genießen, die Welt kennenzulernen, die Menschen zu lieben und am Buffet des Lebens alles auszuprobieren.

Das Mädchen ging zu seinem besten Freund, der weisen Feldmaus, und dicke Tränen kullerten ihm übers Gesicht, als es ihm von dem bösen Troll und der eigenen misslichen Lage erzählte.

Er trocknete dem Mädchen die Tränen, nahm es ganz fest in die Arme und küsste es auf die Stirn. Sofort wurde das kleine Mädchen ruhig und konnte zuhören.

Die schlaue Feldmaus gab dem Mädchen eine Karte und eine Zaubernummer. Dann schickte sie es auf den Weg zum Straßenverkehrsamt. Die kleine Maus wusste, dass dies ein gefährlicher Weg mit vielen Gefahren war, doch sie schwieg und schenkte dem kleinen Mädchen durch ein großes Lächeln ganz viel Selbstvertrauen und gab ihm zur Erinnerung noch ein Amulette. In schlimmen Momenten solle das kleine Mädchen dieses Amulett mit lila Kristall ans Herz halten.

Das kleine Mädchen machte sich auf den Weg.

Es musste sehr lange suchen, bis es einen Platz für seinen fliegenden Teppich finden konnte. Dort war alles Mögliche zu finden: alte Teppiche, neue Hexenbesen, der Rentierschlitten des Weihnachtsmannes, der Nimbus 2000 und Dinge, von denen man gar nicht weiß, wofür sie eigentlich gut sind.

Dann fand das kleine Mädchen einen schönen Platz an einer sprechenden Eiche. Sie sagte ihm, dass es doch unbedingt Fotos von den Kennzeichen des fliegenden Teppichs machen sollte. Dies tat das kleine Mädchen, bedankte sich und ging mutig in die Höhle mit der Aufschrift Straßenverkehrsamt.

Viele kleine geschäftige Zwerge liefen dort herum. Doch sie schienen eine andere Sprache zu sprechen. Das kleine Mädchen nahm einen Zwerg, der vor seinen Füßen entlanglief vorsichtig zwischen Daumen und Zeigefinger und setzte ihn sich auf die Stupsnase. Sofort fing der kleine, vorher noch niedlich aussehende Zwerg mit roter Zipfelmütze wie ein Rohrspatz an zu schimpfen: „Bist du denn total bekloppt? Lass mich sofort runter, du freche Göre." Entsetzt stellte das Mädchen ihn wieder auf den Boden und bemerkte, dass andere Menschen auch versuchten, mit den Zwergen zu kommunizieren. Dies gestaltete sich schwierig, und die Zwerge schrien die großen Menschen aus verschiedenen Richtungen an: „Nicht die Nummernschilder auf den Schreibtisch legen. Paragraph 579 verlangt aber das Formular. Ausfüllen. Nummer ziehen. Nein. Melden Sie sich in Raum 3092..."

Das kleine Mädchen sah eine Ampel, und da diese gerade auf Grün stand, ging es in den Raum, der noch weiter ins Innere der Höhle führte.

Eine alte Eule saß da. Sie sagte: „Was wünschen Sie?" Das kleine Mädchen sagte leise und schüchtern, dass es bitte seinen fliegenden Teppich anmelden wolle, dies habe ihr der Troll gesagt. „Formular 392892 ausfüllen." Dann schob sie das kleine Mädchen mit ihrem großen Flügel vor die Tür. Das Mädchen fand das Formular 392892 und begann zu lesen. Doch es verstand kein Wort. Das Mädchen begann zu weinen. Es war kalt in dieser Höhle und niemand schien sich für es zu interessieren. Da spürte das kleine Mädchen plötzlich eine Hand auf seiner Schulter. Es war eine Frau, die ihren Mann in dieser Höhle begleitete. Sie hatte eine Kerze dabei und sagte: „Beruhig dich. Sieh mal. In deiner rechten Hand hältst du eine Karte mit einer Zaubernummer darauf. Die musst du einfach in das Kästchen hier eintragen. Und das Nummernschild deines Flugzeuges musst du hier eintragen." Der Mann neben der Frau nickte eifrig. „Sie weiß alles. Ich nehme sie immer mit. Sie kennt den Weg."

TAGEBUCH

Das kleine Mädchen schrieb die Nummer auf das Formular, erinnerte sich verzückt und dankbar an den sehr weisen Tipp der sprechenden Eiche und schaute auf den Fotos nach der Nummer.

Plötzlich war es ihm, als ob der Boden sich auftun würde und es fiel. Aber es war kein unangenehmes Fallen, es ging ganz langsam. Das Mädchen sah seinen Personalausweis und seinen Führerschein, Fahrzeugschein und Fahrzeugbrief und ganz viele Zahlen und Paragraphen an sich vorbeischweben. Dann landete es ziemlich unsanft auf dem Boden. Vor ihm breitete sich ein gewaltiger Kassenautomat aus. In leuchtenden Zahlen stand dort der Betrag 33,98 €. Das kleine Mädchen suchte in seinen Taschen. Es fand ganz genau 33,78 €.

Wieder den Tränen nahe, hörte es eine kleine Stimme. Es schaute hinter sich, und da saß eine kleine Schnecke. Mit ihren Fühlern kramte sie in ihrer Tasche und reichte dem kleinen Mädchen 20 Cent. Überglücklich und dankbar warf das kleine Mädchen das Geld in den Automaten, und eine gewaltig laute mechanische Stimme ertönte: Ihr Teppich ist nun umgemeldet. Dann war das Licht aus, und das kleine Mädchen war ganz allein im Dunkel in der nasskalten Höhle.

Was sollte es nun tun?

Da fiel ihm das Amulett mit dem Zauberkristall wieder ein, hielt es an sein Herz und schloss die Augen. Als das Mädchen sie wieder öffnete, befand es sich zu Hause in seiner heimeligen Wohnung und war überglücklich, dieses Abenteuer überstanden zu haben.

Das kleine Mädchen lud gleich seinen besten Freund, die Feldmaus, zu Kaffee und Schokoladentorte ein.

MEIN LEBEN VOR FÜNF JAHREN

TAGEBUCH

Liebes Tagebuch,

ich kann meinen eigenen Gedanken nicht mehr trauen. Denke ich wirklich so, wie ich, der Meinung der anderen nach, denke?

Da sagt Nic, dass ich entweder bösartig oder doof bin, wenn ich so handele, wie ich handele. Und da sagt mir Ben, dass ich zu viel denke. Er sagt, dass ich ihn erdrücke mit meiner Liebe, dass ich immer nur denke. Und er will sich schon wieder von mir trennen. Ich glaube das zumindest. Er sagt, dass wir uns zwar lieben, aber nicht zusammenpassen.

Aber ich denke das nicht. Ich denke, dass wir gerade dabei sind, zusammenzufinden. Ich fühle, dass wir richtig zusammen sind. Keine Ahnung warum. Normalerweise laufe ich niemandem hinterher. Wenn mich ein Mann nicht wollte, hab ich immer gedacht, dass da ein anderer ist, der mich will, irgendjemand, der mich wirklich liebt, und es war okay. Ich habe doch immer jemand anderen gefunden, und die Person davor vergessen.

Ich habe Ben in einer meiner schlimmsten Zeiten kennengelernt und habe versucht, mich wie eine Ertrinkende an ihn zu klammern. Anstatt zu schwimmen, habe ich gestrampelt, und nur auf ihn geguckt und vergessen, an mir zu arbeiten ...

Lieber Ben,

mit dir geht das einfach nicht. Ich hatte von Anfang an das Gefühl, du willst mich nicht.

Ich dachte, du suchst auf Datingapps deinen Spaß. Du sagtest, dass du nicht genau weißt, was du suchst. Du hast irgendwie aus den ganzen Männern herausgestochen. Du warst plötzlich da, und ich fühlte sofort, dass du etwas Besonderes bist. Ich hatte so ein kleines Lichtlein in mir drin, das immer größer geworden ist. Ich habe mich an dich gebunden. Ich hab dich so oft zum Teufel gejagt und so sehr versucht, dich aus meinem System zu löschen. Dadurch, glaube ich, hast du noch mehr angefangen, mich zu hassen.

Du hast angefangen, mich zu verletzen, um mich wegzuschieben, damit ich dir nicht wieder wehtun kann. Ich hab dir wehgetan. Aber das habe ich eigentlich nicht absichtlich gemacht. Ich wollte dich aus meinem Kopf bekommen, damit ich mir nicht selbst wehtue. So habe ich das nämlich im Leben gelernt. Ich habe das so sehr versucht. Aber zum ersten Mal hat das nicht geklappt. Du gehst mir nicht mehr aus dem Kopf. Ich denke so oft an dich.

Ich mache natürlich viele andere coole Dinge im Leben, bei denen ich dich echt gerne dabei hätte. So wie gestern beim Schwimmen. Das war so witzig. Da gibt es ja nur ein Becken, und die Kids können darin beide nicht stehen. Aber die Mädchen haben so lustige Spiele erfunden. Lillith hatte ein Pferd dabei. Das hat sie mehrmals weggeworfen und ist dann danach getaucht. Und dadurch hat sie sich trainiert zum Arielle-Dasein. Ich hab auch immer gespielt, dass ich Arielle bin.

Carlotta hat so großes Vertrauen zu mir, dass sie sich, obwohl sie nicht schwimmen kann, an meinen Schultern festgehalten hat und ich mit ihr durch das große Becken schwimmen konnte. Sie liebt mich trotz all dem Schlimmen, was ich im Leben getan habe. Jeder Tag zeigt mir, wie wertvoll ich bin, wenn ich in ihre Augen schaue.

Ich habe Angst, sie zu enttäuschen, davor, dass sie und ihre Schwester irgendwann einmal denken, warum hat Mama etwas Blödes getan?

Warum ist sie einem Ben hinterhergelaufen, der sie eigentlich nicht will?

Ben denkt, dass ich stalke, dass wir nicht zusammengehören, dass ich ihn erdrücke, dass ich Druck erzeuge, wenn ich länger als zwei Stunden da bin, dass es falsch ist, traurig und verletzt zu sein, wenn ich nach Hause geschickt werde. Vielleicht ist mein Denken falsch. Aber ich könnte niemals jemanden wegschicken, wenn er vor meiner Tür steht. Wenn ich etwas versprochen habe, dann versuche ich das unter allen Umständen einzuhalten. Ich könnte mich selbst nicht angucken, wenn ich das nicht tun würde. Ich bin in den letzten Jahren zu einem Menschen geworden, den ich nicht mag und der ich nicht sein will.

Ich habe alles versucht, um dich zu vergessen. Ich habe versucht, dich aus meinem Kopf und meinen Herzen zu werfen. Ich habe versucht, mich auf mich selbst zu konzentrieren. Ich wollte mich mit Sport, Ernährung und Buchschreiben wieder so stark machen, dass ich die Kraft habe, die Schmerzen auszuhalten, wenn du wieder Dinge zu mir sagst, die mich von dir wegstoßen, weil ich nicht perfekt genug bin. Ich möchte dir gefallen und dich glücklich machen. Das kostet mich Kraft. Ich möchte um dich kämpfen, weil ich weiß, dass wir zusammengehören.

Warum darf ich dann nicht ich sein? Meine Kinder nehmen mich ja auch an, wie ich bin. Sie stellen gar nicht in Frage, ob sie eine Eigenschaft an mir lieben oder nicht. Es ist als felsenfest gegeben, dass ich manchmal toll und manchmal unmöglich bin. Zum Glück können sie nicht sagen, dass ich jetzt bitte aus ihrem Leben gehen soll. Aber wenn ich ganz tief in mich hineinschaue, dann habe ich wahnsinnige Angst, dass sie das irgendwann tun, weil ich nicht gut bin und den falschen Weg im Leben eingeschlagen habe. Ich habe Angst, dass sie irgendwann einmal sagen könnten: „Mama, du hast versagt. Du bist eine schlechte Mutter gewesen, und bei der Erziehung meiner eigenen Kinder werde ich alles besser machen."

13.10.2017

Er pustet mich auf. Mit jedem Atemzug werde ich voller. Schön prall. Sein Atem lässt mich ganz leicht werden. Seine Stärke im Augenblick pumpt mich auf, lässt mich größer werden. Von außen sieht es langsam so aus, als hätte ich das Doppelte meiner Größe erreicht. Ich kann kurzzeitig fliegen. Fühle mich leicht. Schön. Aufgefüllt.

Und dann nimmt er mich und lässt mich in seinen Händen zerplatzen. Ganz einfach.

Er nimmt mich zwischen seine Hände und klatscht sie zusammen. Einfach so, wie wenn man Beifall klatscht.

Und ich liege am Boden. Luftleer. Schwach. Kleiner als klein. Und ein langer Riss befindet sich auf mir. Ich bin nicht mehr da. Nur mein Schmerz. Meine Angst. Meine Trauer. Meine Wut.

47

TAGEBUCH

Ich weiß nicht, wie lange ich schon so am Boden liege. Da nimmt er mich plötzlich wieder in seine Arme. Er streichelt mich. Dann versorgt er meinen Riss mit einem Pflaster. Er streichelt meine geschundene, schmerzende Seele, und dann beginnt er wieder, mich aufzupusten.

Ich protestiere leise. Doch es fühlt sich einfach zu gut an, und ich fühle mich zu schwach. Doch mit jedem Atemzug werde ich lauter. Ich flehe ihn an aufzuhören. Aber mit jedem neuen Protestruf wird er leidenschaftlicher in seinem Tun.

Und wieder ... als ich eine bestimmte Größe erreicht habe, lässt er mich wieder platzen.

Diesmal wirft er mich in den Mülleimer, und ich weiß gar nicht, wie mir geschieht. Schwindelig und benommen versuche ich es zu begreifen.

Ich durchlebe wieder unglaubliche Pein und denke, dass ich diesmal an dieser Qual vergehen werde. Es tut weh, jeden Tag aufs Neue, und der Schmerz scheint diesmal nicht zu weichen.

Meine Haut klatscht um meinen Körper. Sie ist vom Aufpusten noch ganz labberig und hängt – so wie meine Mundwinkel. Ich werde nie mehr glücklich werden.

Und in diesem Moment ergreift er mich.

Wieder und wieder werde ich gehegt und gepflegt. Aber diesmal scheint der Riss durch das Pflaster nicht mehr abdeckbar zu sein, und an verschiedenen Stellen gibt es Löcher.

Ich werde im ersten Moment aufgeblasen, und dann entweicht diese heiße Luft ganz einfach und ist weg.

ICH

15.10.2017

Liebes Tagebuch,

an den Tagen, an denen die Kinder bei Nic sind, denke ich noch sehr oft an die Kinder. Momentan ist es noch so, als ob ein Teil von mir fehlt. Aber kann ich nicht mehr die Frau sein, die ich einmal war, bevor ich Kinder hatte?

Ich bin schon so lang Mutter, dass ich vergessen habe, nur Frau zu sein. Die Kinder machen mich stark. Sie machen, dass ich zweimal das Treppenhaus hochsteige, damit wir mit dem Glasfahrstuhl wieder runterfahren können. Ohne meine Kinder mache ich solche spaßigen Dinge nicht. Ich muss lernen, dies an den Tagen zu machen, an denen sie bei mir sind, und wenn sie nicht da sind, alleine schöne Dinge für mich zu machen. Das Leben ist zu kurz, um es negativ zu sehen. Natürlich habe ich schlechte Tage. An manchen Tagen hab ich ein starkes Gefühl, und ich bin glücklich. An anderen Tagen zerfließe ich vor Selbstzweifeln und Ängsten und bin klein mit Hut. Es ist manchmal so, als könnte ich ohne diese Extreme nicht mehr sein. Ich möchte sie nicht fühlen. Sie reißen mich hin und her. Liegt das an meiner momentanen Situation oder vielleicht an meinem Charakter? Ist das hier alles ein Problem oder eine Tatsache? Wenn es eine Lösung gibt, dann ist meine gesamte Situation ein Problem und ich muss mich auf die Lösungssuche begeben. Vielleicht handelt es sich aber auch um eine Tatsache. In diesem Fall gibt es keine Lösung. Man kann nichts ändern und muss sich daran gewöhnen, dies als gegeben zu akzeptieren.

Ich kann nicht ändern, dass die Situation momentan so ist, wie sie ist. Meine gesamten Bemühungen, hier jetzt ganz schnell eine Änderung zu erzielen, machen mich unglücklich und zerreißen mich. Ich sollte lernen zu akzeptieren, dass meine derzeitige Situation einfach so ist. Es werden bessere Zeiten kommen, das muss ich mir immer wieder einreden.

Ben will mich im Moment einfach nicht so, wie ich bin: Ich quassele ständig, will Probleme besprechen, trage mein Herz auf der Zunge und habe diese ganz großen Gefühle für ihn. Vielleicht bin ich gerade wirklich ein Psycho. Dann bin ich an anderen Tagen auch mal wieder der Clown, die reinliche Hausfrau, die Chaotin, die Künstlerin, arrogant und dann mal total schüchtern.

Momentan passt es einfach nicht. Ich werde auf diesen Mann warten, bis er für mich bereit ist. Das muss ich mir immer wieder sagen, auch wenn er mich wieder verletzt, um mich wegzustoßen. Ich möchte rumspinnen. Ich möchte dieses Leben genießen und aus Kinderaugen sehen. Auch wenn meine Kinder nicht da sind. Ich muss mich gerade schon für die Hälfte der Woche von meinen Kindern abnabele – viel früher, als ich eigentlich gewünscht hätte.

Ich brauche wieder den Boden unter den Füßen. Dann weiß ich, dass ich wieder große Dinge schaffen kann. Momentan leiste ich nicht sehr viel. Ich bin egoistisch und ziemlich faul.

Wer hat denn recht? Stimmt meine Sichtweise über mich selbst oder sind die Meinungen der anderen über mich zutreffend, weil sie mich so wahrnehmen, wie meine Bemühungen tatsächlich rüberkommen? Man muss versuchen, die Tatsachen auch aus anderen Blickwinkeln zu bewerten. Denn nur dann bin ich echt. Außendarstellung und inneres Empfinden müssen ungefähr gleich sein. Aber es ist schwer, allen Menschen begreiflich zu machen, wie ich ticke.

28.10.2017

Liebes Tagebuch,

Wenn zwei Menschen sich lieben, dann bleiben sie zwei Menschen, die sich lieben. Sie werden nicht zu einer Person. Denn auch wenn vielleicht viele Gemeinsamkeiten da sind, so sind sie keine siamesischen Zwillinge, die ohne einander ganz plötzlich nicht mehr überleben können. Auch wenn das manchmal am Anfang einer

Beziehung ganz danach aussieht, wenn zwei sich nicht trennen können und einander immer wieder anziehen wie zwei Magneten. Doch eine Beziehung kann nur Bestand haben, wenn man noch man selbst bleibt. Man liebt den anderen und man verneigt sich vor dieser Person. Die Liebe bringt uns dazu, die andere Person zu vergöttern. Liebe setzt dem Menschen die rosarote Brille auf, und plötzlich findet er die geliebte Person wunderschön (auch wenn andere sich vielleicht mit der Hand vor den Kopf schlagen und sich fragen, was er nur an dieser Person findet).

Man gibt sein eigenes Leben für das der anderen Person, man liebt blind, man hilft der Person, zu wachsen und groß zu werden, man stellt seine eigenen Bedürfnisse für die der geliebten Person zurück und lässt sie strahlen. Wenn der Partner dies auch tut, dann macht man sich jeweils selbst klein, um für das Großgemachtwerden durch den anderen zu sterben. Es entsteht ein Unendlichkeitszeichen. Infinity. Zwei Menschen springen in eine Beziehung und machen sich klein, um von dem anderen erhoben zu werden. Immer und immer wieder. Die Liebe bleibt lebendig, und man wächst. So stelle ich mir Liebe und gelebte Liebe vor.

Dies ist vielleicht für den einen oder anderen total unverständlich. Aber wenn Liebe auf beiden Seiten so gelebt wird, dann kann daraus etwas werden, das Bestand hat in unserer so unbeständigen Welt, in der nur gute Bekannte sein auf der Flirttagesordnung steht, damit man keine Verantwortung übernehmen muss und nicht verletzt wird.

Aus Angst sind wir so sehr gehemmt, dass wir keine Möglichkeit lassen, dass sich Liebe entfalten kann. Wir halten an falschen Vorstellungen fest und klammern uns an Selbstbehauptung und unsere eigene Größe, die wir gar nicht haben, wenn wir uns dadurch doch wieder über andere Menschen stellen.

Erst die komplette Selbstaufgabe kann dazu genutzt werden, den anderen groß zu machen und ihn wachsen zu lassen. Auf dem Weg dahin werden wir vielen Menschen begegnen, die uns verletzen und das ausnutzen. Aber dies ist nur ein kleines Opfer im Vergleich zu dem, was wir bekommen, wenn wir wirklich lieben und geliebt werden.

03.11.2017

Liebes Tagebuch,

ich war heute auf einem 45. Geburtstag. Jetzt feiert man morgens, weil man mit Kindern ja jeden Morgen, auch am Wochenende, früh aufsteht. Ich hatte aber Frauenwochenende, und die Kinder schliefen bei Nic. Ich habe aber das Beste aus mir rausgeholt und mich sogar geschminkt. Es war ein sonniger Tag, und ich sitze ja gern draußen, aber dann wurde ich in den Keller gelotst, und dort war dann auch noch Miss Klugscheißer – die mit der größten und lautesten Klappe. Und sie wusste wirklich alles – und wirklich alles besser. Ich war schon so genervt, dass ich tatsächlich darüber nachdachte zu fahren. Aber dann kamen zwei Frauen, die mir metaphorisch ins Gesicht geschlagen haben. Anscheinend sollte ich noch nicht gehen, denn ich sollte noch etwas Wichtiges auf meinen Weg mitnehmen. So als solle ich in eine andere Richtung gelenkt werden. Schicksal. Ich glaube daran, dass alles im

Leben einen bestimmten Grund hat. Alle meine Sorgen sollten sich eigentlich in Luft auflösen, wenn man doch weiß, dass alles in die richtige Richtung geht.

Lillith hat mich letztens sehr stolz gemacht. Sie hat gefragt, warum ich mich von Papa getrennt habe und ob er wirklich so schlimm ist, dass ich nie mehr zurück zu ihm gehe. Ich habe ihr gesagt, was ich über Schicksal denke, und sie sagte: „Mama, Gott sagt, All things work together for the good, for those who love god."

Ich hatte ein bisschen Angst, dass mein Glaube wieder ins Wanken gekommen ist. Alles, was ich zum Thema Gott gehört habe, ist von Nic. Er hat mich zur Kirche gebracht. Er hat mir mit meinem Gebetsbuch geholfen. Ich bin ihm auch wirklich dankbar, denn es tat mir sehr gut. Die Zeit möchte ich nicht missen. Ich hatte eine Offenbarung. Wir haben es Awakening genannt. Es war, als ob der Heilige Geist über mich gekommen ist. Vielleicht ist es eine Psychomacke und wieder eine Beeinflussung von Nic. Aber es fühlte sich wirklich erfüllend an. Als ob jemand meinen Kopf aufgemacht hätte, um warme rote Farbe in mich zu kippen. Mein Körper war durchflutet von Glückseligkeit und Zufriedenheit. Ich hatte keine Angst oder irgendein anderes negatives Gefühl. Dies hört sich ein bisschen „psycho" an, aber ich kann es nicht besser erklären. Es war wie ein langer Glücksorgasmus. Und danach sind mir auch viele merkwürdige Dinge wie jetzt passiert.

Die Frau in der Parfümerie zum Beispiel. Ich habe einen Gutschein für Schminken und Fotografieren gefunden. Ich bin zu dieser Parfümerie gegangen, obwohl ich gerade große Probleme mit mir und meinem

Selbst hatte. Ich fand mich hässlich und nicht wertvoll genug für so einen Aufriss um mich. Das Mädchen war im letzten Ausbildungsjahr. Wir kamen ins Gespräch, und ich erzählte ihr von meinem Awakening. Sie konnte es verstehen. Auch sie hatte viele derartige Erfahrungen im Leben gemacht. Immer an bestimmten Momenten in ihrem Leben ist sie mit Gott in unterschiedlichster Weise zusammengestoßen. Immer an Wendepunkten. Eigentlich wollte sie ein Bordell eröffnen. Dann kam ihr aber irgendwie Gott dazwischen, und sie hat sich für eine Ausbildung zur Kosmetikerin entschieden. Leider weiß ich nicht mehr, welche Konsequenzen das hatte. Damals hatte ich aber das Gefühl, sie genau zu verstehen.

Vielleicht ist das, was ich als Schicksal bezeichne, auch so etwas wie ein Leiten, wie eine Art göttliche Fügung oder so. Aber Nic hat viel von meinem Glauben zerstört, weil ich ihm ungefragt und blind gefolgt bin. Er hat mir gesagt, dass er Prophet sei und dass er Gottes Wort in die Welt bringen muss. Er hat mir lange nicht davon erzählt, weil er nicht glaubte, dass ich ihn verstehen könne. Ich habe ihn damals wirklich so sehr geliebt. Ich habe ihm geglaubt. Ich dachte, wenn es so ist, dann ist es so, und er ist Prophet. Ich habe auch versucht, seiner christlichen Vorstellung von einer guten Ehefrau gerecht zu werden. Aber ich habe es nie verstanden.

Er hat immer gesagt, die Liebe der Ehefrau bestehe darin, ihrem Mann zu folgen und ihn zu unterstützen. Die Aufgabe des Ehemannes bestehe darin, die Frau zu lieben. Ich habe immer gedacht, ich liebe dich doch. Aber warum darf ich nicht sagen, dass der Weg dahin geht, wenn ich es weiß? Er behauptete, die Frau habe zu folgen und das zu tun, was der Mann oder der Kapitän sage. Ich habe versucht, den Mund zu halten. Ich habe versucht, blind und ohne nachzufragen zu folgen. Ich habe Nic die Zügel gegeben. Ich lasse ihn sagen, dass ich nur der Mensch sei, der ich sei, weil er mich zu der Person gemacht habe, die ich jetzt sei. Ein Mensch, der liebt, der Prophet Gottes sein will, der kann sich doch nicht so verhalten. Ich hatte zuvor wirklich nie von Narzissmus gehört, bis meine Ex-Kollegin und Freundin mich auf das Thema brachte. Heute weiß ich, dass all diese Dinge typisch für Narzissten sind. Ich habe Nics Verhalten einfach als gegeben hingenommen. Es war für mich einfach eine Richtschnur, an der ich mich zu orientiert habe. Ich habe immer wieder mich in Frage gestellt, anstatt ihn in meinem Kopf von seinem von mir errichteten Thron zu stoßen.

Und so sitze ich bei diesem Geburtstagsfrühstück unter lauter interessanten und tollen Frauen. Unter anderem ist da auch eine Mutter aus Lilliths Schule. Sie erzählt, Nic habe bei einem Informationsabend so unglaublich schlecht über die Schule gesprochen. Er habe die Schulleiterin total kompromittiert und sich größenwahnsinnig aufgeführt. Diese Mutter hat ihm dann gesagt, dass er sich unmöglich benehme.

Es gibt also auch andere Menschen, die den Eindruck haben, dass Nic durchdreht und in einer völlig anderen Realität lebt.

Drei Frauen haben mir innerhalb weniger Tage gesagt, dass ich um das Sorgerecht der Kinder kämpfen muss. Ich habe so große Angst, dass er meinen Kindern schadet. Er macht mich bei ihnen schlecht, passt nicht gut auf sie auf, setzt sie ein, um sich an mir zu rächen, verzerrt die Realität, schauspielert, lebt in einer anderen Welt … Eine Mutter berichtete, dass er gesagt habe, dass er sich um die Seele seiner Kinder kümmern wird. Wie meint er das?

JEDER TAG IST ARBEIT AN SICH SELBST

19.11.2017

Mein Garten ist so schön. Mein Baum. Meine Hecke. Und überall finden sich die verschiedensten Gewächse. Da gibt es Pilze und Blumen, Farn und unterschiedliche Gräser.

Grün ist nicht nur grün, sondern gibt es in tausend verschiedenen Nuancen. Mein Garten ist ganz verwildert, und da sind viele versteckte Nischen und Ecken. Überall gibt es Neues zu entdecken.

In besonders leisen Momenten setzt sich ein Schmetterling auf dein Knie. Oder ein Vogel singt dir etwas vor. Wenn man ganz bei sich ist und vielleicht sogar etwas melancholisch, muntert dich ein Tausendfüßler auf.

Ich habe meinen Garten schön hergerichtet und alles und alle eingeladen, hier zu verweilen. Dies ist ein Platz der Liebe und Zärtlichkeit. Hier kann man Ruhe finden. Man kann weinen und lachen, schlafen und wachen ...

Aber Moment. Was ist das für ein widerliches Geräusch, dass in meinen Ohren kreischt? Es hört nicht auf. Es wird immer bedrohlicher. Und dann tritt er mein Gartentor ein, das ich erst gestern erst in Regenbogenfarben gestrichen habe, und beginnt mit einer Motorsäge, die einen ohrenbetäubenden Lärm verursacht, blind und wahllos, meinen Garten zu zerstören. Aus der Entfernung kann ich beobachten, wie die Sonne untergeht und es ganz schwarz wird. Nicht so, wie wenn es Nacht wird. Es ist eine bedrohliche, kalte Schwärze, und was vorher noch bunt und glitzernd und voller Duft war, beginnt durch seine Berührung wie faule Eier zu stinken, sofort zu schrumpeln, wird schwarz und ist dann verschluckt vom Schwarz der Umgebung. Ich will schreien und öffne meinen Mund. Doch so sehr ich es auch versuche, es kommt kein Ton aus mir heraus. Mir rinnen die Tränen über meine Wangen und ich versuche, gegen die Reglosigkeit, die kalte Starre anzukämpfen. Meine Seele bäumt sich innerlich auf und wirft sich mit aller Macht von innen gegen meinen zur Statue erstarrten Körper. Ich bin fassungslos.

Dann sehe ich, wie er zu meiner Salix babylonica geht. Blinde Wut packt mich.

Und als seine Motorsäge ihre Äste berührt, überfällt mich ein rasender Schmerz, und es ist, als ramme mir jemand ein Messer mit Widerhaken in mein Herz und zöge es danach wieder heraus, um erneut zuzustechen. Er hat bereits ein paar wenige Äste abgetrennt. Sie liegen am Boden und verwelken und verschwinden im Nichts der Schwärze.

Schließlich taumelt er in seiner Wut zu meiner Hecke. Auch hier beginnt er, wie wild zu sägen. Dornenzweige fallen zu Boden, streifen seine Haut und verletzen ihn dabei. Er ist verdutzt, hält einen kurzen Moment inne und macht dann weiter mit seiner Zerstörerei. Doch die Zweige meiner Dornenhecke schlagen sofort wieder neu aus, breiten sich aus und schaffen es sogar, Teile der Salix babylonica zu schützen. Er setzt sich, um ein wenig zu verschnaufen. Die Motorsäge ist ruhig und verschwindet im Nichts des Schwarzen Seins.

Mein Schmerz ist unbeschreiblich. Nichts Schlimmeres habe ich in den letzten Jahren erlebt. Zwar gab es die Baumpinkler oder Umweltverschmutzer, aber ich hatte nicht einmal im Traum damit gerechnet, dass es so böse Menschen gibt. Ich hatte diesem Nachbarn erlaubt, sich in meinem Garten zu bewegen, wie er wollte. Oft hat er mir Pflanztipps gegeben, und ich dachte, sie seien dazu gedacht, um es in meinem Garten noch schöner für mich und für meine Gäste zu machen. Ich achtete gar nicht darauf, dass er sich irgendwann einen Steinthron in die Mitte gebaut hat und alle Gäste immer schlechtmachte.

Bald waren seine Tipps nicht mehr freundlich, und ich bemerkte nicht, dass sie zu Anforderungen wurden. Ich habe seine

Wünsche gern erfüllt, weil ich dachte, dann würde es ihm irgendwann auf seinem Thron bequem werden. Er kannte mich wie kein anderer. Er sah alle meine Talente, aber auch meine Fehler. Er sorgte immer dafür, dass ich in einem schönen Glanz dastand, aber nie mehr glänzte als er. War dies doch einmal der Fall, machte er mich so klein, dass ich mich wieder hinter ihm verkroch.

Meine Angst, nicht perfekt und gut genug für diese Welt zu sein, und meine Angst vor Fehlern nahm er in seine Jackentasche und zog den Reißverschluss zu. Ich wollte ihn glücklich machen und jedes Mal, wenn ich dachte, er sei nun glücklich, wurde er unglücklicher.

Als ich die rosarote Brille abnahm, konnte ich wieder klar sehen, und es erschreckte mich zu erkennen, dass seine Form von Liebe nicht meiner Vorstellung entspricht. Ich erkannte, dass nur wenn ich gehe, eine Chance besteht, dass wir beide glücklich werden. Ich warf seinen Thron aus meinem Garten. Ich hatte ihn selbst gar nicht gebeten zu gehen, doch er verließ den Garten wutentbrannt. Ich blieb allein. Er kam zwar immer wieder und warf eine Stinkbombe über den Zaun und machte sich ab und zu mit einer Heckenschere an Weide und Hecke zu schaffen, doch ich vertraute darauf, dass alles gut werden würde.

Und da klopfte es an mein Gartentürchen, und ein junger Mann mit Krückstock erschien. Ich war so froh, nun endlich nicht mehr allein zu sein und den Anfeindungen standhalten zu können. Ich legte alle meine Hoffnungen auf seine Schultern und musste mitansehen, wie er unter der Last immer kleiner wurde und mit allen Mitteln versuchte, diese Zentner schwere Bürde loszuwerden. Dabei zertrat er die von mir neu gepflanzten Blumen. Er war ganz vorsichtig bei Baum und Hecke, doch trat er mir oft auf die Füße. Er entfernte sich immer weiter von mir, und dann eines Tages machte er unbemerkt das Gartentor auf und schlüpfte hinaus. Eine Weile stand er noch am Zaun und winkte mir immer zu, manchmal freundlich, manchmal verzweifelt. Mit der Zeit wurde er immer unsichtbarer, und heute erinnern nur noch ein paar Narben und Mauern an ihn.

Ich stehe noch immer regungslos da. Keine Motorsäge mehr. Aber die Stille erdrückt mich schier. Meinem Baum und meiner Hecke scheint es gut zu gehen. Ich atme tief durch und versuche mit Salbe und Pflaster die schlimmsten Folgen erträglich zu machen.

Ich streichle mein vernarbtes Herz. Ich räume auf.

Neben mir sehe ich plötzlich kleine Käfer, die mir helfen, alles wieder an seinen rechten Platz zu räumen. Ich schaue ihnen ein wenig zu, und da fällt mir auf, dass alle Insekten, alle Tiere und alle Menschen, die einmal in diesem Garten waren, mithelfen. Ich bin gerührt und wieder einmal kullern mir Tränen der Liebe über die Wangen. Plötzlich erscheinen Menschen, die mich in den Arm nehmen, andere klopfen mir den Staub aus der Kleidung und wieder andere küssen mein verletztes Herz.

Ich bin gerührt von so viel Liebe.

Mein Nachbar liegt immer noch am Boden. Ich würde ihm gern aufhelfen, doch ich kann es nicht. Er hat meinen geliebten Pflanzen so viel angetan und dadurch meine Gefühle für ihn abgetötet. Der junge Mann mit dem Krückstock hat mir nicht so sehr wehgetan. Er hat mich nur etwas verletzt.

Ich wünschte, ich hätte die Kraft, meinem Nachbarn irgendwann die Hand zu reichen. Doch das wird erst möglich sein, wenn er aufhört, am Boden zu sitzen und wie wild um sich zu schlagen.

MEIN LEBEN HEUTE

05.12.2017

Liebes Tagebuch,

heute war wieder der Kurs mit den fitten älteren Damen.

Eine dieser wirklich starken Frauen, die jede Woche so ausdauernd ins Fitnessstudio gehen, feierte Goldene Hochzeit. Sie ist nun also 50 Jahre mit ihrem Mann verheiratet. Ich bin ehrlich gesagt ziemlich neidisch. Die beiden sind miteinander durch dick und dünn gegangen, sie haben es geschafft.

Dann kam eine andere Dame dazu und sagte: „Ich bin jetzt 55 Jahre verheiratet. Sag mal, wie lange hast du es denn ausgehalten?" Das war ziemlich fies, und ich hatte mal wieder Schuldgefühle.

Und schon ging die Denkmaschine mal wieder los:

Hätte ich mehr kämpfen müssen?

Habe ich zu früh aufgegeben?

Wird es zur Strafe nie wieder gut?

Wird es vielleicht sogar noch schlimmer, als es jetzt ist?

Und dann wurde mir erzählt, dass die Bank, die Stadt und der Pastor zur Goldenen Hochzeit zum Gratulieren kommen möchten und sich eingeladen haben. Obwohl ich eigentlich denke, dass diese Leute das nur machen, um Schnittchen und Kuchen zu bekommen. Ich könnte mir auch vorstellen, da als professionelle Gratulantin zu arbeiten … Ich würde mir gern die Wohnungen angucken. Und ich könnte auch die Kuchen bewerten. Ich könnte gern ein Liedchen singen.

Aber ist es nicht erschreckend, dass man von Politik und Kirche dafür beglückwünscht wird, dass man es geschafft hat, so lange zusammenzubleiben?

TAGEBUCH

Liebes Tagebuch,

in meiner Ehe war ich konditioniert zu leben, wie es sich Nic wünschte, und ich versuchte, meine romantischen Vorstellungen von Liebe zu unterdrücken. Doch dieses Sehnen nach Aufmerksamkeit und Zuneigung hörte nie auf und wurde sogar immer schlimmer. Irgendwann lernte ich Martin kennen. Ihn habe ich beim Onlineschach kennengelernt. Das ist die neue Datingapp. Er war für mich da. Wenn ich nicht schlafen konnte, dann ist er bei mir geblieben. An seinem Geburtstag ist Carlotta geboren. Ich hatte das Gefühl, er gibt mir Halt, er akzeptiert, wie ich bin, und mag mich.

Irgendwann hat Nic mir den Kontakt verboten und ihm gesagt, dass ich mich nicht gut benommen habe und er jetzt den Kontakt unterbindet. Ich war am Boden zerstört. Ich habe viel geweint, weil ich meinen Halt verloren hatte.

Nic wollte mich kontrollieren. Es war wahrscheinlich seine Art, mir zu zeigen, dass er mich liebt und dass er versucht, für unsere Probleme Lösungen zu finden.

Nic wurde immer dominanter. Ich sollte nur noch das tun, was er mir sagte. Ich durfte erst einen Mittagsschlaf machen oder Laufen, wenn er mir die Zeit dafür einräumte oder nachdem ich ihm bei seiner Dissertation geholfen habe. Er war sowieso immer sauer, dass ich ihm so wenig geholfen und so wenig Interesse gezeigt habe. Aber erst hat er gesagt, dass ich seine Arbeit nicht sehen dürfe, weil er mich als Teil seiner Studie brauche und ich sonst das Ergebnis verfälsche, und dann zeige ich ihm zu wenig Interesse und helfe zu wenig mit.

Ich habe immer versucht, alles richtig zu machen, so dass ich mich irgendwo verloren habe. So langsam weiß ich, was ich will und was ich nicht will. Langsam, sehr langsam sehe ich, dass ich stark genug bin, mein Leben selbst in die Hand zu nehmen.

Ich habe in der letzten Zeit viel mit anderen Menschen telefoniert und gechattet, damit ich mir meiner Entscheidungen und Meinungen sicher war und sie standsicher in die Welt schreien konnte. Ich bin durch die Jahre wirklich in einem Käfig gefangen gewesen. Manchmal hatte Nic wahnsinnige Schmerzen. In solchen Momenten war er so gemein zu mir. Er hatte schlecht Laune und hat mich wie Dreck behandelt. Einmal fuhr er so unvorsichtig, dass ich durch den Wagen geschleudert wurde. Ich hätte auch durch die Scheibe fliegen können. Es wäre ihm egal gewesen. Da hat er mich wohl schon gehasst.

Es hat mich zerrissen, jemanden, den ich liebe, so voller Schmerz zu sehen und ihm nicht helfen zu können. Aber mein ganzes Bestreben war, ihm zu helfen und ihn so, wie er es verlangte, zu lieben. Doch er wollte meine Liebe nicht. Er wollte sie auf jeden Fall nicht in der Art, wie ich sie verstehe.

An Tagen wie heute glaube ich, dass Ben vielleicht auch so denkt. Ihm fehlt das letzte Fünkchen Liebe. Er will mich nicht an sich ranlassen und manchmal fehlt mir einfach die Kraft, um dafür zu kämpfen. Es ist wirklich unglaublich, wie klar ich unsere Beziehung sehe. Ich glaube, dass er mich im tiefsten seines Herzens liebt. Er braucht mich. Er war auch ganz unten und versucht sich, so wie ich gerade, aus dem Loch nach oben zu kämpfen.

Auf der einen Seite sieht er, dass er mich liebt und mit mir zusammen sein will. Auf der anderen Seite ist er aber auch noch so geschwächt, dass der kleinste Stress ihn bewegungsunfähig macht. Er ist sehr auf sich fixiert und kann nicht viel Druck aushalten. Wenn er sich in die Ecke getrieben fühlt oder schlechte Laune hat, dann wird er schnell verletzend. Er sagt bei diesen Gelegenheiten, dass ich eine schlechte Mutter bin, dass ich einen Fettlappen habe oder dass ich hässlich bin. Aber ich möchte nicht ständig beschimpft werden. Auch wenn ihm seine Worte hinterher leidtun, er wird sich so schnell nicht ändern. Aber mein Partner soll mich so akzeptieren, wie ich bin, und nicht alle zwei Tage, wenn es Diskussionen gibt, Schluss machen. Schon so oft habe ich jetzt von ihm gehört, dass er keine Lust mehr hat, dass sich nichts geändert hat. Er krümmt keinen Finger für mich. Dabei will ich jemanden, der mich hält, der für mich da ist und der sich für mich ein Bein ausreißt.

Ich habe mich dafür entschieden, nicht mehr um Ben zu kämpfen. Da ist keine Kraft mehr. Alle paar Tage bringt er mich zum Weinen. Er stößt mich ständig weg und lässt mich nicht an sich ran. Und dabei sieht er das nicht einmal und er hat überhaupt keine Ahnung, wer ich eigentlich bin.

Es tut weh. Ich fühle mich allein. Manchmal ist es so schwer, das Gefühl auszuhalten, dass man alles allein tragen muss. Ich möchte mich ausruhen. Ich möchte wieder fliegen, das Gefühl haben, ganz leicht zu sein. Ich möchte als wertvoll betrachtet werden.

10.12.2017

Liebes Tagebuch,

so viele Gefühle, Berg-und-Tal-Fahrt. Wir sind zusammen geflogen. Wir waren gemeinsam ganz unten. Wie Ertrinkende haben wir uns aneinander festgehalten. Wir haben uns wehgetan. Da war so viel Unsicherheit und so viel Angst. Narben zeugen von einer Zeit, wo wir dachten: Das ist Liebe. Es war ein Aneinandervorbei-Reden. Einer war immer schneller. Unsere Herzen hatten keinen gemeinsamen Rhythmus, und wir haben immer versucht, mit Gewalt die nicht passenden Puzzleteile zusammenzustampfen. Dabei haben wir uns gegenseitig wehgetan. Wir haben einander weder gesehen noch verstanden.

Eine ungeheure Leidenschaft hat uns in den Bann gezogen und uns mitgerissen. Wir waren beieinander und waren in einem Rausch gefangen, der uns nach unten gezogen hat. Ich habe dich gedrückt und dir Steine angebunden. Das ist keine Liebe, da ich doch immer die Absicht hatte, dich fliegen zu lassen. Kein Feuer, Wurzel wollte ich sein. Du hast mich hochgehoben, und dann wieder fallen gelassen. Du hast mich geküsst und dann mit Füßen getreten. Ich bin geflogen und gleich danach abgeschossen worden.

Vielleicht habe ich das alles verdient. Vielleicht musstest du das tun. Vielleicht kannst du mir dadurch irgendwann meine Fehler verzeihen.
Aber jetzt möchte ich gehen. Ich möchte fliegen. Doch ich möchte nicht mehr oben sein und danach wieder aufklatschen. Wenn ich lande, dann möchte ich aufgefangen werden.

Da schlummert eine Kraft in uns, die wir nicht

gemeinsam rauslassen können. Lass mich gehen. Lass mich fliegen. Du wirst immer einen Platz in meinem Herzen haben, aber du musst mich gehen lassen, damit wir einander nicht kaputt machen und wir uns entfalten können. Wir können nicht zusammen wachsen. Und wir werden nicht zusammenwachsen. Lass mich los. Geh deinen Weg. Werde glücklich und gestehe mir das Gleiche zu.

Ich liebe dich. Ich werde dich wohl immer ein wenig lieben.

BEN

12.12.2017

Liebes Tagebuch,
es macht mir wahnsinnigen Spaß, leckere Dinge zu verspeisen. Ein Lavakuchen, aus dem die flüssige

Schokolade wie aus einem Vulkan heraussprudelt, lässt mich fast zum Höhepunkt kommen. Aber ich liebe auch Salate, Gemüse und Fleisch. Als Kind war ich Vegetarierin. Ich habe in der Schule zum Thema Lesetagebuch ein Buch gelesen, in dem es um die Vorgeschichte zum „Phantom der Oper" ging. Die Geschichte hat mich wirklich mitgenommen. Deformiert geboren hat dieses Wesen seinen Weg ins Leben gefunden, ist dann aber gescheitert und in den Katakomben der Oper gelandet. Dieser Junge war ein Künstler und hat sich unsterblich in eine Opernsängerin verliebt. Schließlich starb sein Hund, der sein einziger Freund war. Ich habe an dieser Stelle so sehr geweint. Im Buch ist der kleine Junge dann zum Pastor gegangen und hat nachgefragt, was denn nun mit der Seele des Hundes passiert. Der Pastor hat daraufhin geantwortet, dass Tiere keine Seele haben. Was???

Ich begann, darüber nachzudenken, ob ich Tanja, meine erste Katze (die ich nach meiner besten Freundin benannte), oder Garfielde, meine zweite Katze (wir dachten zunächst, sie sei ein Kater, daher der Name), im Himmel später nie wiedersehen würde. Und da stellte ich mich das erste Mal bewusst gegen die Kirche. Ich habe dann darüber nachgedacht, ob es erforderlich für mich ist, Fleisch und Fisch zu essen, oder ob es nicht möglich ist, sich anders zu ernähren und auch auf Leder zu verzichten. So wurde ich Vegetarierin. Ich glaubte daran, dass Tiere eine Seele haben und ich meine Haustiere und auch all die Tiere, die ich schon in meinem Leben gegessen habe, irgendwann wiedersehe. Ich weiß noch, dass die Großeltern meines ersten Freundes das nicht verstanden haben. Sie haben auf ihrem Hof geschlachtet. Bei jeder Familienfeier haben sie gefragt, ob ich nicht ein bisschen Wurst essen wolle. Das wäre ja kein Fleisch. Ich habe immer dankend abgelehnt und die selbstgemachte Leberwurst mit nach Hause zu meinen Eltern gebracht. Und so lebte ich dann bestimmt acht Jahre fleischlos. Es ist irgendwie auch ein schönes Gefühl, verzichten zu können.

Ich liebe es auch zu fasten. Es ist toll, wenn man merkt, dass der Körper die Nahrung nicht braucht und man trotzdem fit wie ein Turnschuh sein kann. Ich habe sogar einmal probiert, wie lange ich es aushalten kann. Damals habe ich aber schon Vollzeit gearbeitet, und Lillith war auch schon da. Ich habe es wegen des Kreislaufs leider nur 10 Tage geschafft. Eigentlich hatte ich mir vorgenommen, einmal im Monat für eine Woche zu fasten. Es geht mir dabei nicht nur ums Abnehmen. Ich weiß, dass ich die Kalorien, die ich beim Fasten verliere, danach wieder drauf habe. Aber es ist ein tolles Gefühl. Ich fühle mich so frei dabei. Ich brauche keine Nahrung. So viele meiner Freunde werden schlecht gelaunt und zickig, wenn sie hungrig sind. Dies kann ich nicht nachempfinden. Ich bin nicht schlecht gelaunt, weil ich schon trainiert bin. Es ist wahnsinnig zu sehen, welche Kraftreserven beim Fasten frei werden. Ich kann dann sogar joggen und ganz viel machen. Das war immer der Unterschied zu Nic, wenn wir gemeinsam gefastet haben. Er wollte dann seine Ruhe und mit sich allein sein. Ich wollte Aktion, und da ich meinen Körper so sehr spürte, wollte ich so gern berührt werden. Fasten ist für mich immer so eine Art Rückbesinnung auf mich selbst. Ich habe dann irgendwie Urlaub. Ich kann die Welt aus einem anderen

Blickwinkel betrachten. Ich bin dann innerlich ganz ruhig und in mir. Dann finde ich mich auch ein wenig schön.

Ich habe so viele Diäten hinter mir. Schon als Teenager habe ich mit Mama öfter einen Reistag eingelegt. Das war wirklich wahnsinnig schwer, besonders wenn man Fernsehen guckt. Ich wusste gar nicht, wie viel Werbung für Essen gemacht wird. Dann habe ich die Atkins-Diät ausprobiert. Ich habe 20 Kilo abgenommen. Ich habe ungefähr ein halbes Jahr auf Kohlenhydrate verzichtet: keine Süßigkeiten, kein Mehl, kein Obst, keine Kartoffeln, keine Nudeln und kein Reis. Dafür aber so viel Fett, wie ich mochte. Mein Körper hat wirklich alles Überschüssige ausgeschieden. Dann wurde ich schwanger und konnte die Diät nicht vernünftig beenden, denn der Körper spült nicht nur das überschüssige Fett aus, sondern auch irgendwelche Gifte. In Phase drei fängt man langsam wieder an, Kohlenhydrate zu essen. Diese Phase habe ich nicht mitgemacht.

Ich habe dann auch gedacht, dass ich wegen der Schwangerschaft sowieso dick werde und danach wieder abnehmen muss. Das war ein ziemlich dummer Gedanke. Ich hätte auf meine große Cousine hören sollen. Sie hat immer gesagt, dass ich auf mein Gewicht aufpassen soll. Ich konnte noch nie so gut mit Kritik umgehen. Die Strafe folgte auf dem Fuße. Ich nahm stark zu und bekam dann Diabetes, wozu ich wohl eine Veranlagung habe. Anfangs war Nic immer bei den Untersuchungen beim Frauenarzt dabei. Später nicht mehr. Und als mir gesagt wurde, dass ich Diabetes habe und dieser so schlimm ist, dass ich mit der Ernährung nun auch nichts mehr machen kann, war ich allein. Ich war ziemlich fertig. Das war circa einen Monat vor dem Geburtstermin. Ich musste in meinen schwangeren Bauch spritzen und ständig mein Blut checken.

IMMER WIEDER AUFTANKEN ...

14.12.2017

Liebes Tagebuch,
ich habe so viel mit den Mädchen unternommen. Wir waren viel draußen und haben viele Abenteuer erlebt. Erst waren es nur Lillith und ich, und danach kam Carlotta dazu. Als Nic noch als „Supernanny", wie er sich selbst gern bezeichnete, gearbeitet hat, waren wir oft mit in seinem Hotel, und während er mit den Familien gearbeitet hat, haben wir die Stadt erkundet. Wir waren auf ganz vielen Spielplätzen und haben wahnsinnig interessante Menschen kennengelernt. Wir waren in Frankfurt, Mainz, Kiel und Hamburg. Einmal war ich mit Lillith im Schwimmbad. Leider war der Kleinkind-

bereich gerade wegen Baumaßnahmen geschlossen, und so fragte ich, ob es in Ordnung ist, wenn eine Dreijährige mit in die Sauna geht. Das war es. Aber es endete in einer Katastrophe. Lillith fasste an den Ofen, dort wo die heiße Luft rauskommt. Sie hat sich beide Hände total verbrannt. Ich habe sie sofort unter der Dusche gekühlt und bin dann, weil sie nicht aufhörte zu schreien, zum Bademeister gegangen. Sie hatte solche Schmerzen, dass sie nicht einmal das angebotene Eis haben wollte. Der Bademeister fragte, ob ich einen Krankenwagen rufe wolle, weil ich nicht mit dem Auto dort war und das Krankenhaus gegenüber keine Kinderstation hatte.

Im Krankenwagen hörte Lilith immer noch nicht auf zu weinen. Ich musste mich auf die Liege legen, und man gab mir Lillith in die Arme. Ich hörte die Sirene und betete zu Gott, dass er ihr helfen möge, diese Schmerzen auszuhalten. Sie war so tapfer. Im Krankenhaus durften wir ihre kleinen, verbrannten Händchen unter Wasser kühlen, nur leider nicht so lange, damit die Haut nicht aufweichte. Im Krankenhaus bekam sie dann Schmerzmittel, und ihre Hände wurden verbunden.

Am nächsten Tag waren wir dann in Hamburg. Wir liefen am Strand entlang. Es war wunderschön. Irgendwann wurde Lillith dann müde. Ich nahm sie auf die Schulter, und wie schon so oft schlief sie dann dort ein. Leider kamen wir dann an einen Bootsanleger, und die Stelle dort war sehr vereist. Ich rutschte aus, und dieser Sturz war wirklich sehr lang. Ganz viele Gedanken gingen mir durch den Kopf. Vor allem wollte ich Lillith nicht schon wieder verletzen. Ich stürzte wie eine Superheldin. Ich zog Lillith sekundenschnell in meine Arme, hielt sie schützend und schob mich beim Aufprall so unter sie, dass ihr nichts passierte. Ich konnte nicht schon wieder Schuld daran sein, dass sie sich verletzte. Das hätte mein armes Mutterherz nicht ertragen. Bedauerlicherweise habe ich nicht ganz den Körper einer Superheldin und so verletzte ich mir den Fuß so sehr, dass ich mich nur noch mit letzter Kraft mit meinem weinenden Kind zu einem Wohngebiet schleppte, um dort Nic anzurufen. Mein Handyakku war nämlich leider leer.

Nic fuhr Lillith und mich dann ins Krankenhaus. Dort erwartete uns ein Kamerateam. Die Journalisten machten gerade eine Reportage über das Leben im Krankenhaus und fragten, ob wir damit einverstanden wären, wenn sie uns begleiteten. Ich hatte nichts dagegen. Außerdem hatte ich so starke Schmerzen, dass es mir eigentlich egal war. Aber dann wurde ich gefragt, ob sie mich röntgen könnten oder ob ich schwanger sei. Da wurde mir plötzlich vor laufender Kamera bewusst, dass wir nicht verhütet hatten, weil wir uns ein zweites Kind wünschten, und meine Tage ließen nun schon über eine Woche auf sich warten. Es wurde noch ein Schwangerschaftstest gemacht, ich war sehr nervös. Dann kam das Ergebnis: Ich war nicht schwanger und mein Fuß nicht gebrochen, sondern nur verstaucht.

18.12.2017

Liebes Tagebuch,
kann man bei einem Onlinedatingportal wirklich die große Liebe finden? Oder doch nur den schnellen F...?

Auf jeden Fall ist dort ein völlig neues Flirtverhalten wichtig. Ich habe nun schon oft gehört, dass frau sich rarmachen soll. Der Jagdinstinkt des Mannes soll dadurch geweckt werden. Aber warum? Können wir nicht wie Kinder sein und einander verzeihen, Dinge einfach tun, ohne nachzudenken und Risiken zu prüfen? Martina hat ihren jetzigen Ehemann über levee kennengelernt. Auch ich habe über dieses Portal Menschen kennengelernt, die mehr oder weniger wichtig für mich geworden sind. Außerdem habe ich im echten Leben in den letzten zwei bis drei Jahren viele Menschen kennenlernen dürfen, nicht nur über levee. Man muss nur die Augen und das Herz öffnen.

Zum einen ist da mein Physiotherapeut. Er ist ganz jung, super lieb und sehr kompetent. Heute hat er meinen Oberschenkelschmerz einfach weggedrückt. Das letzte Mal hat er mein Knie behandelt, so dass ich von meinen Knorpelschaden nichts mehr gespürt habe. Und davor hat er meine Schulter geheilt, die durch das Tragen einer Zweijährigen sehr beansprucht ist.

Zum anderen habe ich meinen persönlichen LKW-Fahrer kennengelernt. Und meine seelenverwandte, auch mit Hochsensibilität beschenkte, intelligente Freundin Kaja. Wir treffen uns jetzt einmal in der Woche zum Quatschen. Oder Eugen, der mich dazu gebracht hat zu schreiben, damit ich noch mehr an Herausforderungen wachse. Oder North, der mit mir mitten in der Nacht über das Leben philosophiert. Oder Martin, der einer für ihn völlig fremden Freundin von mir hilft.

Und als Backup habe ich immer noch meine beste Freundin Nadja an meiner Seite, die so schlau und schön ist. Sie arbeitet zwar weiter weg in Bayern, aber auch wenn ich sie nur zweimal im Jahr sehe, hilft sie mir immer, wenn ich mal wieder nicht mehr weiß, wer ich bin. Sie war es auch, die ich sofort angerufen habe, als ich erfuhr, wie abfällig sich Nic über mich bei anderen Frauen im Chat geäußert hat, und dass er mich als „Sugardaddy" bezeichnete, weil ich das Geld nach Hause bringe, damit er sich vernünftig und in Ruhe um die Kinder kümmern könne.

20.12.2017

Liebes Tagebuch,
ich habe über die Depressionen nachgedacht und ich glaube, dass sie keine Veranlagungen sind. Vielmehr denke ich, dass Depressive mit dem anfallenden Stress nicht mehr klarkommen und der Kopf versucht, bei Überlastung eine Schonhaltung einzunehmen. Bei den einen ist dies die Depression, bei den anderen Burnout und wieder andere werden ganz hart oder zu Freaks. Es gibt aber auch Menschen, die zu Narzissten werden, wie Nic und meine Chefin. Wer hat denen denn diese Copingmethode beigebracht?

Zum Beispiel habe ich Nic gefragt, ob die beiden Mädchen an Opas Geburtstag mit uns Essen gehen dürfen. Dürfen sie, aber dafür musste ich mir wieder anhören, dass ich das alles so wollte und dass alles Schlechte, was gerade passiert, meine Schuld ist. Ich sollte für den Geburtstag meines Vaters dann den ersten Karatewettkampftag von Lillith hergeben. Sie ist davor so aufgeregt und möchte da eigentlich gar nicht hin. Ich habe dann gesagt, dass ich nicht tauschen wollte, sondern fragen, ob sie zusätzlich am Geburtstag teilnehmen dürfen. Ich habe vorher schon gesagt, dass ich verstehe, wenn dieser Tag für Nic wichtig ist und er dann auch kommen möchte. Obwohl ich jedes Mal kotzen könnte, wenn ich ihn sehe, habe ich mich zum Tausch bereit erklärt.

Gestern waren wir auf einem Stadtfest. Lilliths Schule hat sich dort auch präsentiert. Nic hat den Leuten dort Tanzen beigebracht und er ist da rumgelaufen, hat getanzt, ist sogar auf einen Stuhl gestiegen. Wenn ich solche Sachen sehe, dann denke ich daran, wie er rumgebrüllt hat, wenn ich ihm nicht schnell genug eine Flasche Wasser gereicht habe.

LEBENSWEG

TAGEBUCH

Ich habe diesmal an Weihnachten keine Erwartungen. Wenn ich keine Erwartungen habe, dann kann ich auch nicht enttäuscht werden. Das hab ich einmal irgendwo gelesen. Weihnachten ist das Fest der Liebe. Die Menschen sind sogar so nett, dass man heute am 24.12., obwohl Sonntag ist, noch Lebensmittel bei Edeko oder Rowo einkaufen darf. Oldi und Ladl machen bei diesem Akt der Liebe nicht mit. Selbst schuld. Dann kommt zu euch auch nicht das Christkind, der Weihnachtsmann oder Santa Claus ...

Ich hole noch schnell ein paar ungesunde Aufbackcroissants – wenn schon sündigen, dann bitte so richtig. An der Kasse werde ich Zeugin eines Aktes der Gerechtigkeit. Als ich zahlen möchte, schreit die Kassiererin: „He, Sie da, packen sie die Kondome und das Klopapier bitte vom Band. Heute dürfen nur Lebensmittel gekauft werden. Wir wollen damit verhindern, dass Menschen an Hungersnot sterben. Das kann sich Deutschland in Zeiten der Migrationspolitik nicht leisten ... Jawohl!"

Ich fahre zum Frühstück ins Café. Das machen wir immer so. Plötzlich beißt mich ein kleiner Zwerg in den Zeh. Ich versuche, ihn wegzukicken. Doch der kleine Kerl ist hartnäckig. Nachdem ich mich an den Tisch gesetzt habe, kommt er immer wieder an. Er schimpft und schimpft. Zum Glück ist seine Stimme ganz piepsig leise. Aber sie ist immer da. Und langsam nervt es ... Der Zwerg folgt mir sogar zum Büfett und sagt mir, was ich auf meinen Teller packen soll und was nicht. Da wird es mir wirklich zu bunt. Ich schaue mich um, um mich zu vergewissern, ob auch keiner guckt. Dann nehme ich den Zwerg und stecke ihn mir in den Mund, kaue zweimal und schlucke ihn schnell herunter.

Endlich kann ich in Ruhe essen. Anschließend chille ich im Bett und schaue im Fernsehen alle schönen Märchen. Ich muss sie ganz tief in mein Herz aufnehmen. In ein paar Tagen ist die Weihnachtszeit zu Ende und alles vergessen. Dann gibt es keine herzerwärmenden Freundlichkeiten mehr. Dann wird Sonntag nicht mehr geöffnet. Und dann hat man sich gegenseitig nicht mehr so lieb und denkt an andere.

Plötzlich steigt eine Hexe aus dem Märchen. Ich wusste nicht, dass mein Fernseher auch diese Funktion besitzt. Sie schaut mich mit stechenden Augen an und nimmt meine Hand. Es wird dunkel, und ganz plötzlich sehe ich mich vor meiner alten Wohnung stehen. Ich sehe meine Kinder im Wohnzimmer spielen, und ich sitze tatsächlich neben ihnen und spiele mit der neuen Eisenbahn. Es ist ein schönes Bild, und ich werde ganz ruhig und mein Herz wird ganz warm. Doch ganz plötzlich öffnet sich die Tür und mein Ehemann kommt herein. Mein Ebenbild bemerkt ihn gar nicht. Es dreht sich nicht um. Es spielt weiter und freut sich, dass es eine wunderschöne Zugstrecke gebaut hat. Da holt mein Mann ein riesiges Messer hervor und sticht es meinem Ich in den Rücken. Ich fange ganz laut an zu schreien, und die Hexe, die die ganze Zeit über schweigend neben mir gestanden hat, hält mir den Mund zu.

Es wird wieder dunkel. Dann stehen wir vor einer Hauswand. Langsam verschwindet sie, und wir können ins Hausinnere sehen. Da liege ich auf einem Sofa und ganz viele süße Katzen schmusen mit mir. Sie sind ganz niedlich und kuschelig. Doch dann beginnt eine Katze, mich anzufauchen. Die anderen machen mit. Dabei hab ich sie ganz zärtlich gestreichelt. Sie kratzen und beißen. Wieder schreie ich hinter der Mauerwand auf, weil es mir körperliche Schmerzen bereitet, diese Szene zu beobachten.

Wieder hält mir die Hexe den Mund zu. Die gleiche Geschichte noch einmal: Alles wird um uns dunkel, und da stehen wir vor einer Kirche und um die Ecke, da stehe wieder ich, also mein Ebenbild. Ich möchte in die Kirche. Doch der Pastor und die Menschen davor lassen mich nicht durch. Sie reißen kleine Stückchen von meinem Körper ab. Es ist widerlich mitanzusehen. Ich muss mir die Augen zuhalten.

Da sieht mich die Hexe an und verwandelt sich plötzlich in eine wunderschöne Fee. Sie reicht mir ein paar Joggingschuhe. Dann im nächsten Moment ist sie verschwunden.

Ich bin wirklich verwundert. Mein Schädel kreist und ich bin nicht mehr in Balance. Weil ich eh nicht mehr denken kann, ziehe ich die Joggingschuhe an und beginne zu laufen. Es fühlt sich ganz leicht an. Eine Geige beginnt zu spielen. Ich verliere langsam den Boden unter den Füßen. Aber das ist nicht unangenehm. Es ist, als ob meine Hand ergriffen wird und eine Wange sich an die meine schmiegt. Ich fliege. Ich kann fliegen. Die Menschen werden immer kleiner. Alle Häuserwände sind für mich unsichtbar. Ich sehe, wie in Häusern, in denen Familienkrieg herrscht, die Fenster aufgehen und die Kinder einfach hinausfliegen. Ich sehe, dass kleine Lichter in schon erloschenen Herzen wieder zu brennen beginnen. Ich sehe, dass verstrittene Geschwister sich in die Arme nehmen und schwere Krankheiten geheilt werden. Und ich fliege und warte. Ich habe Erwartungen. Sie pflanzen sich in mein Herz. Aber ich weiß nicht, ob dies weiterhin so ist, wenn Weihnachten vorbei ist.

26.12.2017

Liebes Tagebuch,
Dies ist für meine Kinder: Ich liebe euch beide so sehr. Ihr beide seid so wundervoll. Jeden Tag mit euch zu-

sammen ist wie ein Geschenk. Ich möchte für euch da sein. Schon jetzt seid ihr beiden wirklich etwas Besonderes. Jeden Tag entdecke ich neue Facetten an euch. Ihr seid so schillernd.

Gestern waren wir im Prinzessinnenkleid und Dirndl im Theater. Lillith, du wolltest das Kleid unbedingt beim Basar haben. Es war nicht teuer mit 10 Euro. Aber im Vergleich zum restlichen Einkauf beim Basar, wo das Teuerste eine Winterjacke für Carlotta mit 5 Euro war, schon etwas wertvoller. Du hast es angezogen und ich mein Dirndl. Alle dachten, wir gehören zum Märchenstück.

Sicherlich ist es etwas auffällig gewesen, dass wir drei uns in der Pause auf den Boden geworfen und mit Armen und Beinen gezappelt und vor Entsetzen und Verzweiflung geschrien haben, als man uns sagte, dass es kein Nogger Choc mehr gäbe. Nachdem wir uns beruhigt hatten, ließen wir uns zu Cornetto Nuss überreden, obwohl heutzutage die Waffelspitze gar nicht mehr so schokoladig ist wie früher. Da isst man schon Kohlenhydrate, und dann fehlt der letzte Kick ... Aber als wir dann nicht mal eine Bockwurst bekamen, da mussten die Leute ja mit allem rechnen. Wir haben denen nur einen See geschenkt, einen See aus unseren Tränen, weil wir so traurig waren. Aber pünktlich zum zweiten Teil waren wir fertig.

Die Vorstellung war so voll, dass wir die letzten Plätze bekamen, und man uns sagte, dass wir das nächste Mal reservieren sollten. Und dabei ist das Theater wirklich nicht so gut. Wie voll wäre es wohl, wenn ich mitspielen oder mal Regie führen könnte? Ich würde das sehr gerne machen. Vielleicht frage ich mal

TAGEBUCH

nach. Ich habe auch überlegt, Beerdigungsreden zu
halten, für diejenigen, die keine kirchliche Beerdigung
haben wollen. Viele Menschen gehören keiner Kirche
an. Viele Menschen glauben einfach so ein bisschen,
und da wäre eine schöne Rede bestimmt gefragt. Ich
schreibe einmal probeweise eine über mich:

Diana war eine Frau, die immer an die Liebe
glaubte. Ihr Leben war bestimmt von der Idee, glücklich zu sein und Liebe zu geben. Sie war nicht gerade
leise oder klein und hinterließ Eindruck. Nicht immer
einen positiven, wenn man daran denkt, dass sie schon
einmal gekündigt wurde und sie sich von ihrem ersten
Mann trennen musste, um wieder frei fliegen zu können. Sie tanzte durchs Leben und weigerte sich
manchmal, erwachsen zu werden. Sie war im Herzen
immer Kind und sah die Welt bis zuletzt aus leuchtenden Kinderaugen, weil sie jeden Tag aufs Neue die
Schönheit des Lebens wahrnahm. Ihr Leben war nicht
immer leicht, doch war sie wie ein Stehaufmännchen,
das stets wieder hochkommt. All die Tränen, die sie in
ihrem Leben vergossen hat, ließen ihr Herz nach dem
Sturm noch größer werden. Jede Träne war es wert,
denn am Ende ihres Lebens hat sie den Menschen, mit
denen sie sich umgab, so viel Liebe und so viel Kraft
gegeben, wie es nur ein Riesenherz vollbringen kann.

Sie war in ihrem Herzen eine Elfe, so wie sie es
sich immer wünschte. Sie war zauberhaft und stets
umgab sie ein märchenhafter Hauch, so dass die Menschen gern in ihrer Nähe verweilten. Sie hat jeden Menschen mit Respekt und Liebe behandelt und vielen
durch ihre Arbeit geholfen. Sie hatte viele Rollen. Sie
war Mutter, Ehefrau, Tochter, Clown, Frau Doktor

und sie konnte gut Fenster putzen – sie wollte unbedingt, dass dies in ihrer Grabesrede erwähnt wird.

Es gibt selten Menschen, die sich etwas vornehmen und so konstant daran arbeiten, erinnert man sich daran, dass sie ihre Doktorarbeit schrieb und dabei ihr Kind an der Brust trinken ließ. Sie hatte immer verrückte Ideen, wie zum Beispiel ihren Wunsch, Schauspielerin zu werden, oder den Wunsch, das Antibiotikumzäpfchen zu erfinden. Manche von diesen Ideen hat sie sogar in die Tat umgesetzt, wie ihr Buch, das sie schrieb und dann sogar mit Erfolg publizierte.

Sie hat ihre Töchter immer auf ihrem Weg begleitet und ist dafür verantwortlich, dass aus ihnen großartige Frauen wurden. Sie war ein Familienmensch und liebte Familienfeste, egal wie wuselig diese waren. Denn wuselig waren nicht nur ihre Haare, sondern auch ihre Gedanken. Ihr ganzes Leben war bestimmt von der Leidenschaft, das Leben mit all seinen Schönheiten aufzusaugen. Sie liebte Schokolade, versuchte aber stets, Diät zu halten und Sport zu machen. Sie war so stolz auf sich, als sie Anfang 30 noch mit dem Joggen begann und dann mit 40 ihren ersten Marathon lief.

Sie war eine bemerkenswerte Frau, und viele werden sich immer wieder einmal an sie erinnern. Sie strebte nach Glück und hatte es meistens auch gefunden. Sie hat es am Ende ihres Lebens geschafft, ihr wildes Wesen zu bändigen, und ruhte in sich. So konnte sie ihren Enkeln und Urenkeln ein Vorbild sein. Sie war auch Vorbild für viele Frauen, die ebenfalls ein nicht so perfektes Leben führen oder Angst haben, an herausfordernden Situationen zu zerbrechen. Sie stand ihre Frau, und das mit einem Lächeln im Gesicht.

TAGEBUCH

MEINE GROSSE, SÜSSE TOCHTER LILLITH

MEIN KLEINES, GROSSES MÄDCHEN CARLOTTA

28.12.2017

Liebes Tagebuch,
es tut mir gut, bei Mama zu wohnen. Sie zeigt mir, wie irgendwann die Beziehung zu meinen Mädchen aussehen kann. Ich koche und esse anders als sie. Das klingt interessant. Ich werde von ihr also anderes kennenlernen. Manchmal unternehme ich etwas mit ihr, und manchmal tun wir Dinge getrennt. Manchmal nervt sie mich, und manchmal zerfließe ich vor Liebe zu ihr. Das wünsche ich mir auch von meinen Mädchen …

MEINE MAMA

31.12.2017

Liebes Tagebuch,
ich liebe meine beste Freundin Martina. Sie ist wirklich der schönste und schlauste Mensch, den ich kenne. Ja

klar, manchmal ist sie zickig (besonders wenn sie nichts zu essen bekommt) oder total orientierungslos (wenn sie den Weg auf Capri zurückfinden will oder zu mir nach Berlin zu Silvester in den falschen Zug steigt oder auf dem Weg zur Einschulung ihres Neffen in den falschen Zug steigt, 90 Euro in Düsseldorf für ein paar Stunden im Hotel bezahlen muss, um dann die Einschulung doch noch zu verpassen). Aber all diese kleinen Dinge machen sie einfach auch so liebenswert. Sie hat ein wahnsinnig großes Herz, und ich bin wahnsinnig glücklich, dass sie meine Freundin ist. Sie hört mir zu und ist nicht böse, wenn mein Herz überläuft und ich sie nicht nach ihrem Befinden frage. Auch wenn ich mich ganz lange Zeit nicht gemeldet habe, ist sie nie sauer, und es steht nie irgendetwas zwischen uns. Sie ist immer ehrlich zu mir und nimmt mich so, wie ich bin, und verurteilt mich nie für die Dinge, die ich getan habe. Sie ist mein Elefant.

Irgendwann sagte sie einmal, dass sie ein Elefant wäre, wenn sie ein Tier wäre, weil sie so ein gutes Gedächtnis habe.

Sehr imponiert hat mir, als sie sagte, dass es eine schlechte Angewohnheit von ihr sei, dass sie nicht verzeihen kann. Dinge, die einmal gesagt wurden, brennen sich in ihr Herz. Das finde ich ehrlich. Viele Dinge sind in ihrem Leben schon passiert, und sie hat viel durchmachen müssen. Wenn ich könnte, würde ich ihr all das Leid abnehmen und versuchen, sie jeden Tag glücklich zu machen. Aber weil ich das nicht kann, versuche ich, ihr beizustehen und für sie immer da zu sein. Ich denke, das ist gemeint, wenn man sagt, dass man jemanden liebt.

02.01.2018

Liebes Tagebuch,

Ich möchte heute eine Lebenshymne statt einer Beerdigungsrede schreiben:

Liebster Mister LKW, ich weiß, dass du keine Beerdigungsrede haben möchtest. Du bist mein Halt. Jeden Tag, ob er gut oder schlecht ist, höre ich von dir. Manchmal hast du gute Laune, manchmal schlechte. Aber du bist immer du. Ich hab dich etwas verletzt, als du mir deine Gefühle gezeigt hast und ich so überfordert war vom Leben. Es tut mir wahnsinnig leid. Du bist mir so wichtig geworden. Du hast viel Quatsch im Kopf, und ich finde es toll, dass du deiner Familie Stärke und Halt gibst. Du vermisst körperliche Nähe. Manchmal bist du deswegen traurig. Du verzichtest auf deine Bedürfnisse, weil du deinen Kindern gegenüber eine Verantwortung übernommen hast. Diese nimmst du wahr. So etwas habe ich in dieser Welt lange nicht gesehen. Du fliegst und lässt fliegen. Ich bewundere dich so sehr dafür.

Du bist so stark, wie ich es auch einmal sein möchte. Du bist das Stehaufmännchen, das ich gern sein würde. Du bist ein sehr besonderer Mensch, mutig, stolz und sehr edel. Dir kann man vertrauen, weil du ehrlich zu dir und deinen Fehlern stehst und trotzdem so stark bist. Ich könnte deiner Stimme ständig lauschen. Deine Stimme wärmt mich. Wenn ich deinen stundenlangen Sprachnachrichten lausche, dann fühle ich mich irgendwie wohl. Der Klang deiner Stimme ist sehr schön. Sie ist so melodisch, aber auch irgendwie voller Tatendrang und Leidenschaft. Ich bekomme dann so ein Gefühl, dass da jeden Tag Dinge auf dich zukommen, mit denen du nicht gerechnet hast, und dennoch bist du für alles gewappnet. Manchmal wirft es dich zurück, aber egal, wie stark der Sturm ist, du stehst wieder auf und genießt jeden Tag. Du bist für mich Robin Hood.

17.01.2017

Es ist ein kleines, ungutes Gefühl in meinem Bauch, ein wenig, als ob ein kleines Monster da drin sitzt und vor Langeweile etwas an meinen Eingeweiden knabbert. Wenn man versucht, es zu ignorieren, dann hört das Monster kurz auf. Aber sobald ich mich hinsetze, fängt es noch etwas mehr an. Das ist in etwa so, wie wenn ich mal wieder mit dem Rauchen aufgehört habe. Ich bin dann ganz stolz, und das geht für ein paar Monate gut, aber dann irgendwann ist der Körper schwach und hört überhaupt nicht auf die Protestschreie meines Über-Ichs. Ich glaube sowieso, dass mein Über-Ich nicht so viel zu melden hat. Bei mir regiert das Es. Na ja und dann rauche ich meist mehr als vorher. Zum Glück habe ich es nun fast drei Jahre geschafft.

Auf jeden Fall, knabbert dieses Monster nicht mehr nur, sondern zeigt ordentlich Appetit. Mir scheint es, als habe das Monster Freunde eingeladen. Eines rutscht mir gerade langsam die Kehle runter. Ein anderes springt auf meinem Herzen Trampolin. Leider muss ich einkaufen und Essen machen, denn gleich kommen die Kinder. Sonst hätte ich die Party schon lange beendet. Mann, ey. Jetzt spielt ein Monster auf meiner Wirbelsäule Xylophon. Und jemand hat verbotenerweise Säure mitgebracht, die sie sich jetzt hinter die Binde kippen. Es wird immer lauter und wilder da drinnen. Ich kriege keine Luft mehr. Ich kann nicht atmen. Ich verfalle langsam, aber sicher immer mehr in Panik. Jetzt schmeißen die inzwischen fetten Monster ihre Schuhe weg, und es stinkt nicht nur nach Käsefuß, sondern nach Verwesung. Ich habe die Gremmlins in mir. Ich kann es kaum glauben, jetzt drehen sie die Musik auf, aber das ist nicht so nette Partymucke, sondern Death Metal. Es wird immer lauter, und sie tanzen immer wilder. Jetzt pogen sie. Ich habe nie den Genuss verstanden, den manche verspüren, wenn sie sich rumschubsen und tänzerisch verprügeln. Dann können die doch auch einfach lieber Capoeira machen. Das finde ich sehr ästhetisch. Aber ich glaube, auf mich hört jetzt hier eh keiner mehr. Die machen alles kaputt, die Schweinebacken. Sind die denn total bekloppt? Wer hat die denn nach 24 Uhr mit Bergkäse und Chips und Popcorn gefüttert?

Okay, so langsam eskaliert das hier. Die fangen gerade an, alles anzuzünden. Jetzt bekomme ich wirklich keine Luft mehr. Ich glaube, dass sie die Atemzufuhr gekappt haben. Ich kann nicht atmen. Mein Herz zerbirst gleich, weil die Last zu groß ist. Ich kann nichts mehr sehen. Die haben sich anscheinend alle zu sehr vom Büfett bedient und brechen das nun alles aus. Es stinkt ganz bestialisch. Verfaulte Eier wären jetzt wie Parfüm. Ich bekomme keinen Ton mehr raus und kann nicht mehr schreien. Meine Stimmbänder wurden gekappt. Wenn ich wieder klar denken kann, muss ich die auf meine Verklageliste setzen. Auf das Thema Verklageliste muss ich kurz einmal näher eingehen. Dort befinden sich für meinen Papa alle Autofahrer drauf, weil die nämlich alle nicht fahren können. Leider steh ich selbst auch mit drauf. Da haben wir die bekloppten jungen Erwachsenen, die eh nur Lustfahrten tätigen (ich selbst zähle mich mit meinen 28 Jahren einfach dazu), die Sternchenkrieger und natürlich die mit Wackeldackel, Hut oder Klorollenhalter (obwohl ich die noch nie gesehen habe, Papa). Des Weiteren stehen auf der

Anzeigeliste die Menschen, die es wagen, den Wetterbericht zu hundert Prozent vorherzusagen, und die dabei lügen, wie sich noch herausstellen wird. Man stellt sich ja schließlich darauf ein. Zum Schluss kommt noch die freche Kassiererin, die ich gefragt habe, ob sie nicht meinen Ausweis sehen will, als ich meinem angeheirateten Cousin zum Geburtstag Schnaps kaufen wollte. Und da sagt diese Anfang Zwanzigjährige, die nur ein bisschen jünger als ich ist, doch tatsächlich, dass ich ja wohl nicht aussehe wie 16. Verdutzt frage ich, ob man den harten Alkohol jetzt ab 16 Jahren bekommt. Kann ja sein und ihre freche Art wäre gerechtfertigt. Ich meine in Zeiten von levee, wo man Menschen mit Daumen hoch und Daumen runter nach einem Bild, das man sich im Durchscrollen anguckt, beurteilt, kann es doch tatsächlich sein, dass man sich jetzt mit 16 schon die wenigen Hirnzellen, die nach dem Kiffen mit 12 noch übrig geblieben sind, auch wegschütten kann. „Ne, aber wie 18 sehen Sie aber auch nicht mehr aus." Anzeigen ... verklagen ... Gehirnzellen abtöten?

Zurück zu den Monstern in mir. Sie toben jetzt auf jeden Fall. Ich habe die Kontrolle verloren. „Könntet ihr bitte aufhören? Könnt ihr jetzt mal aufhören! Ey, ich werde gleich sauer. Nein, ich bin schon sauer. Ich zähle hier jetzt auch nicht mehr bis drei oder so. Jetzt ist hier aber Schluss! Auuuuufhören!

Plötzlich geht die Tür auf und Mister LKW springt herein. Er schmeißt mir Gaffa-Tape und Pflaster zu. Ich beginne, meine Luftröhre zu tapen und meine Stimmbänder zu verarzten. Er pinnt eine To-do-Liste an die Wand und springt mit einem Flickflack zu einer Gruppe Monster. Er beginnt, mit Giftpfeilen zu spucken, und nachdem die ersten Tausend erledigt sind, macht er sich mit seinem riesigen Lichtschwert an die Eliminierung der nächsten Gruppe, die sich an meinem Herzen zu schaffen macht. Gekonnt fliegt er danach zu Baustelle Nummer drei: meinem Kopf. Die Monster haben alles benebelt und angefangen, mit meinen Hirnwindungen Seilchen zu springen.

„Bei Müllers hat's gebrannt, brannt, brannt.

Da bin ich hingerannt, rannt, rannt."

Mister LKW zeigt ihnen, wie das Seilchenspringen wirklich funktioniert, und danach isst er die Monster einfach auf. Obwohl er lieber ein schönes Stück Fleisch mit Kräuterbutter und Bratkartoffeln mag, schluckt er jetzt diese bittere Pille von Ekelmonstern, weil er mich so lieb hat. Ich weiß das wirklich zu schätzen und so langsam bekomme auch ich wieder Boden unter den Füßen.

Mister LKW wirft mir die Ghostbusterstaubsaugerghosttrap zu und schreit: „Superkalifragilistischexpialigetisch", und wir räumen mal so richtig zusammen auf.

Bei einer Tasse Gewürzmilchkaffee – ich probiere jetzt alle Sorten von Kaffee mal aus – fragt mich mein erschöpfter Freund: „Musste das alles sein? Und nur, weil du vergessen hast, dich beim Arbeitsamt zu melden, einen Monat kein Geld bekommen hast und dich von der allgemein vorherrschenden Meinung, dass Geld auf dieser Welt so wichtig ist, hast einnehmen lassen?

Aber eines musst du wissen:

Ich beruhige dich gerne.

Noch hunderttausendmillionen Mal, wenn es sein muss.

Und jetzt iss deine Schokoladentorte."

MEIN LKW-FREUND

22.01.2018

Liebes Tagebuch,

dieses Aufstehen jeden Morgen und das Suchen von Aufgaben und ihre strikte Durchführung bis zum Schluss hilft mir sehr dabei, nicht einfach im Bett liegen zu bleiben. Aber es ist so wahnsinnig anstrengend. Es raubt mir so viel Kraft. Ich versuche zu gehen. Manchmal laufe ich. Ich habe wahnsinnige Angst, in diesen Strudel gezogen zu werden. Wenn es mir schlecht geht, dann versuche ich, etwas Schönes zu tun, das mir in diesem Moment guttut.

Joggen ist toll. Es ist ein so schönes Gefühl. Ich bin dann immer ganz in mir – mein Körper und mein Kopf schlagen dann einen gemeinsamen Takt.

Wenn ich mit Ben streite, dann wird noch mehr Batterie entladen. Ich fühle mich dann immer so klein. Aus seiner Perspektive sehe ich mich als lästiges kleines Mädchen, als fettlappigen Psycho, der ihn stalkt, als überhebliche Frau Doktor und dann als dumme Zicke, die unberechtigterweise gestellte Fragen noch einmal wiederholt und nicht Autofahren kann. So möchte ich nicht sein. Ich bin gerade einer Beziehung entflohen, in der ich mich dem Mann unterordnen sollte und nicht mehr wirklich meinen eigenen Kopf hatte. Ich war eine Marionette und muss jetzt die Fäden abschneiden und alleine laufen lernen. Ich muss wieder erkennen, dass ich eine starke, selbstbewusste und intelligente Frau bin. Bei den letzten Treffen mit Ben habe ich mich nicht so gefühlt. Können die positiven Gefühle, die ich mit ihm und für ihn empfinde, diese Dinge wieder wettmachen?

Ich freue mich, wenn nicht gerade wieder ein Streit war, ihn zu sehen. Ich bereite mich auf Treffen mit ihm gern vor. Er fühlt sich von mir unter Druck gesetzt. Er will mir entgegenkommen und sagt, dass ich an den Tagen, wenn die Mädchen nicht da sind, bei ihm wohnen kann. Aber dann macht er nicht nur einen Rückzieher, sondern will mich an diesen Tagen noch nicht einmal sehen. Dann kommt es jedes Mal zu Streit. Doch gerade in diesen Momenten brauche ich meine ganze Kraft. An diesen Tagen muss ich besonders hart daran arbeiten, die Welt als schön zu betrachten, und brauche starke Arme, die mich halten. Aber er kann sich selbst nicht halten. Ich habe versucht, ihm zu helfen, aber ich denke, dass ich gerade nicht mehr die Kraft habe, ihn hochzuziehen. Er sagt unsere Treffen ab, er sieht sich unter Druck, wenn ich zu lange mit ihm zusammen bin ... Im Allgemeinen darf ich nicht länger als 2 Stunden bei ihm sein ... Er ist böse auf mich, wenn ich meine Schwester eine Stunde statt 15 Minuten im Krankenhaus besuche und er solange im

Auto warten muss, weil er meiner Familie nicht mehr unter die Augen treten kann. Er ist wie ein Ertrinkender, der mich mit runterzieht, indem er sich an mich klammert. Er sieht nicht, dass er sich einfach nur an mir festhalten kann. Ich bin gerade schwach. Aber für ihn bin ich stark. Er macht mich stark. Aber dann bekommt er seine Panikattacken, und ich werde mit runtergezogen. Was soll ich nur tun? Ich liebe ihn und ich will weiterhin jeden Morgen aufstehen.

Ich möchte und kann das nicht mehr. Es lenkt mich ein wenig von meinen Kämpfen ab, aber es ist ein viel größeres Problem, dass er mich nicht so sein lassen kann, wie ich bin.

ZUSAMMEN ...

... IST MAN WENIGER ALLEIN

24.01.2018

Liebes Tagebuch,

ich zerfließe schon wieder in Selbstmitleid. Der eine will mich nicht. Na und? Kein Grund sich hinter ihm zu verstecken. Der andere ist weg.

Angst vor Morgen.

Ich habe Angst, allein zu sein. Ich möchte, dass jemand an meiner Seite ist. Jemand, der mich sieht und mir Rückmeldung gibt, wie ich bin, wenn ich mich mal wieder verloren habe. Ein Mensch, der mich kennt und mich nicht nur trotz, sondern wegen meiner Fehler liebt. Dieser Mensch soll mich kennen und verstehen – mein Herz sehen.

AAAAAAAAAAAAAAAAAAAAAAAAAAAAAA AAAAAAAAAAAAAAAAAAAAAAAAAAAAAA AAAAAAAAA.

Das war ein Schrei. Warum gibt es bei uns immer nur die beiden Extreme? Warum liebt er mich nicht? Ein ständiges Hin und Her.

Damals habe ich den Frauen bei der Tanztherapie erklärt, dass sie ein Problem nicht immer vor der Nase haben dürfen. Dann kann man es nämlich nicht mehr betrachten. Es steht einem vor den Augen, behindert einen, und man kann es nur verschwommen wahrnehmen. Wenn man es weiter weghält, dann kann man sich damit beschäftigen. Wenn man es aber zu weit weg in eine Schublade legt, dann wird es immer größer und schlägt einem später ins Kreuz. Man muss versuchen, es auf vernünftiger Distanz zu betrachten. Das ist aber nicht ganz einfach. Was soll man machen, wenn es sich einfach so in unser Gesicht krallt und man es auch auf Biegen und Brechen einfach nicht wegbekommt?

95

Heute Morgen war ich echt verzweifelt. Alles, woran ich gedacht habe, war negativ und hat mir Bauchschmerzen bereitet. Ein einziger Brief lässt mich manchmal schier verzweifeln, und das Problem ist mir zu nah, als dass ich vernünftig darüber nachdenken kann. Dann war aber meine Schwester da, und ich konnte einfach meinen Ängsten und Sorgen freien Lauf lassen. Das kann man nicht bei vielen Menschen und das war schon sehr befreiend. Danach war ich noch bei meinem ersten Elternstammtisch. Nic war auch da. Er ist wirklich größenwahnsinnig. Aber alle durchschauen ihn. Warum tue ich das erst jetzt? Na ja ... Besser jetzt als nie.

Meine Kollegin hatte recht. Nic ist ein Narzisst. Je mehr ich darüber lese, desto bewusster wird mir das. Es gibt sogar Selbsthilfegruppen für Ex-Partner von Narzissten.

25.01.2018

Sie war eine der besten Seefahrerinnen ihrer Zeit. Zwar tummelten sich viele Schiffe auf dem weiten Meer, doch diese Kapitänin war etwas Besonderes. Sie war stark wie 10 Männer und konnte Steine mühelos aus dem Weg räumen. Sie war auch sehr flink und behände und sich nicht zu schade, auch alle zwei Tage das Deck zu schrubben. Sie meisterte Stürme, indem sie voller Ideenreichtum Segel setzte, um schnell an ihr Ziel zu gelangen, oder – wenn sie sehr stark waren – das Segel einholte und abwartete. Dies hatte sie mit der Zeit gelernt. Anfangs fiel es ihr sehr schwer, geduldig zu sein. Doch sie arbeitete täglich an sich. Sie versuchte täglich 10-mal ums Schiff zu schwimmen, kletterte einmal in der Woche in die Takelage und sprang ins Meer, obwohl sie wahnsinnige Angst vor Höhe hatte. Vor dem Schlafengehen machte sie oben im Nest den Baum und philosophierte über das Leben. Mit den Delphinen spielte sie oft Verstecken und mit den Kraken Fangen. Zwar verlor sie immer, weil die Kraken mit ihren 8 Meter langen Arme einfach zu schnell waren und die Seefahrerin immer nach nur wenigen Minuten packten. Doch sie hatten Spaß zusammen. Die Seefahrerin tauchte und war in der Unterwasserwelt genauso willkommen wie an Land bei den Ureinwohnern bisher noch unbekannter Inseln. Selbst den Sturm 1786 hatte sie überlebt und sich und ihre Crew über das tosende Meer geschifft. Seeungeheuern brachte sie immer Bananen mit, weil sie herausgefunden hatte, dass sie Bananen so sehr lieben wie Menschen. Zum Dank fraßen die Ungeheuer die bösen Crewmitglieder, die sich hin und wieder mit an Bord unter die Crew gemischt hatten.

Das alles wäre perfekt gewesen, wenn es da nicht einen Haken gegeben hätte. Sonst wäre es ja wohl auch irgendwie eine langweilige Geschichte. Die Seefahrerin war mit einem Fluch belegt. Immer wenn das Schiff an den Sirenen vorbeifuhr, verwandelte sich die Kapitänin in eine Kuh. Sie konnte dann nicht denken, stand am Steuer, machte große Augen und muhte. Eigentlich passierte dies nur bei einer ganz bestimmten Sirene. Sie liebte die Seefahrerin von ganzem Herzen. Sie sah zu ihr auf und wollte so gern so schön und stark sein wie sie. Dies war auch der Grund, warum sie immer nach der Seefahrerin suchte. Doch sobald sich Sirene und Seefahrerin in der Nähe befanden, hörte man „Muuuuuh", und das gesamte Schiff geriet außer Kurs. Oftmals half die Crew und besonders der First Mate, damit das Schiff in solchen Momenten nicht an den Eisbergen zerschellte. Übrigens hatte der Kapitän der Titanic genau die gleiche Flucherkrankung, doch da ist die Geschichte ja, wie alle wissen, nicht so gut ausgegangen.

Das Leben wäre so schön gewesen, und die Seefahrerin und die Crew hätten viel Schönes erleben können, doch es bestand immer die Gefahr, dass diese verliebte Sirene auftauchte.

An einem regnerischen Morgen war die Crew wieder einmal auf See. Sie hatte sich gerade von einem Übernachtungsbesuch in Atlantis verabschiedet und versuchte, an Land zu kommen, bevor der Sturm stärker wurde. Die Kapitänin rief: „Leinen los. Alle Mann und Frau backbord. Die Muuuuh ...“

Es war schon wieder passiert: die Sirene. Die Crew wurde unruhig und lief verzweifelt hin und her. Die Wellen wurden immer stärker, und der Regen peitschte auf das Schiff. Blitze schlugen auf das aufgewühlte Meer. Da plötzlich wurde ein Strudel vor dem Schiff sichtbar. Niemand zuvor hatte diesen Ort lebend verlassen. Ein Leuchtschild mit der Aufschrift „Bermudadreieck“ hing über dem Strudel an einer Wolke. Die Crew fing an, zu schreien und weinen. Selbst die Atheisten unter ihnen warfen sich auf die Knie und begannen zu beten.

Der Kopf der wunderschönen und betörenden Sirene erschien neben der Gallionsfigur. Die Sirene streckte die Arme nach der Kuh, also nach der Seefahrerin, aus. Sie starrten sich beide an. Die Sirene lächelte. Die Kuh kaute. Wie in Trance ging die Kuh auf dieses wundersame Wesen zu, und die Sirene umarmte sie voller Liebe und Leidenschaft. Zärtlich hob sie die Kuh-Kapitänin über die Reling, und beide verschwanden im Strudel des Bermudadreiecks. Sofort hörte das Unwetter auf. Die Sonne erstrahlte, und das Meer war mit einem Mal ruhig. Die Crew atmete auf und ihre Todesangst wich einem hoffnungsvollen Seufzen. Die meisten Crewmitglieder dachten: Retten wir unsere Kapitänin oder fahren wir einfach schnell nach Hause und retten unsere eigene Haut? Da ging die Tür zum Maschinenraum auf und heraus kam der Maschinist. In seinen Händen hielt er einen wunderschönen vergoldeten und verzierten Spiegel. Er sah der Crew fest in die Augen und sagte: „Wir bilden jetzt eine Kette. Den Ersten binden wir an den Mast, der Letzte springt ins Bermudadreieck. Und das bin ich."

Seine Stimme ließ keine Widerrede zu und todesmutig sprang der Maschinist ins Wasser. Man hatte ihn nie zuvor gesehen und bei der Berührung mit dem Wasser verwandelte er sich in ein Krokodil. Er schwamm mit einer unheimlichen Kraft und Ausdauer nach unten und am Meeresboden fand er die Seefahrerin in Kuhgestalt in einem Schiffswrack. Er hielt der Kuh den Spiegel vor Augen. Im Spiegel konnte man erkennen, wie im Inneren der Kuh die Seefahrerin ihr eigenes Herz in die Arme schloss, es zärtlich hin und her wiegte und dann küsste. Der Bann war gebrochen. Die Seefahrerin verwandelte sich in ihre ursprüngliche Gestalt zurück, und der Maschinist, jetzt in Form eines starken und schönen Krokodils, griff die Kapitänin, und mit Hilfe der Crew wurden alle wieder an Bord gezogen.

Es wurde ein großes Fest gefeiert, und am Ende des Tages tauchte verschämt der Kopf der verliebten Sirene am Schiffsrand auf. Unbeobachtet ging die Kapitänin zu ihr, streichelte ihr Gesicht, hielt ihre Wange fest und sagte: „Ich liebe dich auch. Ich werde dir ab und zu eine Flaschenpost schicken mit etwas Kraft und Liebe von mir."

Die Sirene lächelte und schwamm dann in den Sonnenuntergang.

Die beiden haben sich nie wieder gesehen, doch hin und wieder schickt die Seefahrerin noch heute eine Flaschenpost, in dem Wissen, dass die Sirene glücklich im Meer lebt.

Der Maschinist blieb für immer Krokodil und fand seine Berufung als Fremdenführung im Bermudadreieck und rettete noch viele verfluchte Seelen.

26.01.2018

Liebes Tagebuch,
ich habe gerade so ein schlechtes Selbstbewusstsein, dass dieses kleine Mäuschen von Persönlichkeit von allem verletzt werden kann.

Wildfremde Menschen können mich gerade durch Kritik verletzen. Es ist, als würde mich alles gerade anpieken und mein Herz ist so verletzt, dass es sich nicht dagegen wehren kann. Die Kündigung, Nic, der sich durch die Kinder an mir rächt, die Sorgen wegen des Geldes und kleine Dinge, wie die Strafe wegen zu schnellen Fahrens, nehmen mich mit. Leider ist Ben nicht stark genug, um mit mir diese Zeit gemeinsam durchzustehen. Es sieht so aus, als sei er tatsächlich auch Narzisst. Er macht auch nichts falsch. Immer wenn ich etwas kritisiert habe, wurde es so hingedreht, als sei ich schuld daran, dass Ben nichts auf die Reihe bekommt. So habe ich doch nur gesagt, dass ich traurig bin, weil er sich gar nicht um mich bemüht. Und plötzlich bin ich selbst schuld daran, weil ich ihm zu viel Liebe entgegengebracht hätte, so dass er nie um mich kämpfen musste. Ich sei ja eh immer wieder zu ihm angekrochen gekommen. Er will wohl lieber eine Frau, die ihn um 5 Uhr nachts rauswirft, damit ihr Sohn ihn nicht sieht. Ben ist eifersüchtig auf meine Stärke und sieht durch mich, dass ich das tue, was er möchte, aber nicht kann.

Irgendwann werde ich wieder so stark sein, dass die Situation so eintreten kann. Momentan bin ich schwach. Ich wünsche mir einfach, in den Arm genommen und gehalten zu werden; einfach kurz getröstet, so dass ich weiß, dass es morgen wieder besser wird. Ich bin eine starke Frau, die nur gerade den Halt verloren hat. Eine Frau, die aber bald wie ein Phönix aus der Asche wieder aufersteht, nur mit mehr Kraft und noch viel schöner als jemals zuvor. Ben hat mich nicht nur nicht in den Arm genommen, er hat seine Hand weggenommen und mir gezeigt, wie hässlich er mich eigentlich findet. Nicht nur, dass er es nicht aushalten konnte, mich so schwach zu sehen, er hat mich auch noch schlecht gemacht und mir die Schuld an seiner eigenen Unfähigkeit gegeben.

Ben sagte, dass ich ihn zu sehr geliebt habe, dass ich zu viel zu schnell wollte und deshalb schuld daran bin, dass er sich nicht um mich bemüht, da ich ja sowieso immer angekrochen komme. Aber ich möchte nicht mehr. Dieser Gedanke tut mir so gut. Er wird mich nicht mehr verletzen. Ich werde mit meinem Herzen auf der Zunge, meiner lauten, wuseligen Art und mit meiner unersättlichen Leidenschaft für Liebe und mit dem Wunsch, das Leben zu genießen, ganz weit kommen. Mein Psychogequatsche wird mir den Arsch retten.

Was sollte ich nach einem Streit mit Ben nicht mehr sagen?

Ach ja: Stärke!

Stärke, Stärke, Stärke, Stärke, Stärke, Stärke, Stärke, Stärke, Stärke, Stärke, Stärke, Stärke, Stärke, Stärke.

Aufruf

Ich suche meinen Ritter:

Alter: egal

Jetzt, kommt es aber. Du solltest Erfahrungen mit dir und der Welt gemacht haben, etwas zu erzählen wissen und dir selbst schon mal „Hallo" gesagt haben. Denn sich selbst kennen wird man wohl nie. Und es ist ja auch immer wieder schön, eine neue Seite an sich kennenzulernen.

Aussehen:

Lange dachte ich, es sei wichtig, dass du größer bist als ich, weil das irgendwie so wie ein Beschützer wirkt. Aber auch große Männer können einen nicht beschützen. Das kann man wohl nur selbst. Außerdem ist jemand, der sich traut, eine größere Freundin zu haben, sehr stark und selbstbewusst, und das gefällt mir. Ob dick oder dünn, groß oder klein ist eigentlich egal, solang du dich selbst akzeptieren kannst.

Charakter:

Du solltest ein großes Herz haben. Meine Fehler sollst du nicht nur akzeptieren, sondern lieben. Du solltest überhaupt andere Menschen und das Leben lieben und jeden Moment genießen. Wenn du jemanden brauchst, bin ich für dich da. Ich hol dich da raus. Sei bitte verrückt. Normal kann jeder.

MEIN RITTERRETTERBESCHÜTZERHELD

29.01.2018

Liebes Tagebuch,

Lillith hat eine witzige Ader. Letztens hat sie gesagt, dass Nic wieder in Witzigkeitsstimmung ist, weil er irgendwas verlangt hat, was sie nicht wollte ... Heute hat sie gesagt, dass sie nichts mehr mit zu ihm nehmen kann, weil es dann verschwindet. Ihre neue Puppe oder auch die Löwen-Geschichte, die sie Opa zum Geburtstag geschrieben hat, sind in ihrem Kinderzimmer verloren gegangen. Ich hab gesagt, dass sie die Dinge ja auch suchen könnten oder darauf aufpassen. Lillith verneinte dies aber vehement. Sie wolle die Sachen doch lieber bei mir lassen.

Ich habe sie dann gebeten, ihre Geschichte unbedingt morgen zu lesen, wenn sie wieder bei mir ist. Und da sagte sie, dass die auch weg wäre, und wir kamen auf die Idee, Geschichten in ein Buch zu schreiben. Wir wollen jetzt immer zusammen schreiben. Vielleicht wird es unser Hobby, oder ich bin ihr ein Vorbild. Das wäre schön.

30.01.2018

Liebes Tagebuch,

das letzte Jahr war gelinde gesagt ziemlich scheiße. Ich finde Fäkalsprache nicht sehr schön, aber es beschreibt meine Situation am treffendsten. Ich habe eine gescheiterte Ehe mit Rosenkrieg an der Backe, mein früherer Arbeitgeber hat mich rausgeschmissen, weil ich den Mund aufgemacht habe wegen sozialer Ungerechtigkeit, und meine Erfahrungen mit dem männlichen Geschlecht sind auch nicht so berauschend, weil ich einfach keine Gentlemen mehr finden kann, die nicht hohl oder narzisstisch sind. Dabei bin ich eigentlich schon mit Glitzer und Glasschuhen zur Welt gekommen und in der Hoffnung, dass sich vielleicht im Krankenhausbettchen neben mir mein Traumprinz entwickelt, um dann in ein paar Jahren reiten zu lernen, und mich auf dem weißen Ross durch seine grenzenlose Liebe zu mir errettet. Ich war so am Boden, dass ich die Hoffnung auf die Märchenliebe bereits aufgeben wollte, als mir plötzlich zuerst ein wenig Liebe und dann immer mehr Facetten von Liebe ins Auge stachen, so dass ich nun mit ganz großer Sicherheit sagen kann: Ja, es gibt sie doch, die wahre Märchenliebe.

Ich hatte in meinem kleinen Märchenprinzessinnenhirn gar nicht die Vorstellung davon, dass es bei Märchenliebe weitaus mehr gibt als die Liebe zwischen Mann und Frau. Und schon gar nicht, wie viele tolle Facetten es gibt, und dass die alle da draußen zu finden sind. Außerdem wusste ich nicht, dass die Menschen gar nicht alle so blöd sind, wie sie einem manchmal erscheinen, sondern dass da draußen wahre Schätze liegen. Man muss nur die Augen aufmachen oder die Ohren …

Und vor allem wusste ich nicht, dass der Schlüssel zu allem darin liegt zu lernen, mich selbst zu lieben. Dies ist mir im Laufe des letzten Jahres klar geworden, und es war ein langer Weg bis dahin.

Jetzt, wo ich angefangen habe, mich selbst zu lieben, brauche ich keinen Standard in Form anderer Menschen, um mich zu bewerten. Ich bin toll, so wie ich bin. Ich bin perfekt mit all meinen Fehlern, Stärken und Schwächen und ich vertraue darauf, dass mich etwas leitet und an die Hand nimmt, wenn ich am Boden bin. Ich muss nicht mehr geliebt werden, denn ich liebe mich ja schon. Aber ich kann geliebt werden, und diese Erkenntnis ist wahnsinnig schön und gibt unendlich viel Kraft.

Die Familie: Sie ist Fluch und Segen. Man kann nicht ohne sie und man kann auch nicht mit ihr. Aber sie bildet das Fundament einer jeden Person. Mir hat die Familie gezeigt, dass man nicht immer reden muss. Man versteht sich ohne Worte. Und auch wenn man sich manchmal streitet: In der Familie kann man am besten lernen, sich selbst zu lieben, hier muss man keine Verlustängste haben. Blut ist dicker als Wasser. Die Familie ist unsere Wurzel und hilft uns, ungestört zu wachsen.

Seit ich Kinder habe, kann ich meine Mama verstehen. Mutterliebe ist wirklich so unglaublich vielschichtig und facettenreich, wie ich nichts anderes im Leben zuvor gesehen habe. Ich bin sehr dankbar dafür, selbst Mutter sein zu dürfen und diese unterschiedlichen Gefühle erleben zu können. Manchmal ist man müde, gestresst und genervt. Es kommen Tage, da ist man sich unsicher und steht ohnmächtig dem Bewusstsein gegenüber, so viel Verantwortung für ein Leben zu haben, mit dieser ständigen Angst gepaart, dabei zu versagen. Man lebt sein eigenes Leben, was ja eigentlich eine Achterbahn mit Höhen und Tiefen darstellt, und dann soll man da noch Vorbild sein und am besten ohne Fehler ein Kind so erziehen, dass es später die Verantwortung für sein eigenes Leben aufnehmen kann. Nicht einfach.

Und dann kommen diese kleinen Murkel und bitten dich, dass du sie in den Arm nimmst und nicht mehr loslässt, dass du ihnen den Rücken kraulst oder ihnen die Welt erzählst. Für ihr grenzenloses Vertrauen nimmst du deine eigenen Bedürfnisse zurück und gibst alles, was du kannst. Am liebsten würdest du diese Liebe jeden Tag herausschreien und manchmal bist du so stolz, dass du platzen könntest.

02.02.2018

Liebes Tagebuch,

wenn man ein Kind bleiben und aus Kinderaugen das Leben betrachten und leben möchte, darf man nicht vergessen, dass es nicht nur einfache Zeiten gibt. Hätte man das Peter Pan gesagt, wäre ich gespannt gewesen zu erfahren, ob er in Nimmerland geblieben wäre. Denn heute habe ich erfahren, dass ich mich wie ein kleines bockiges Kind verhalte, das mit dem Fuß aufstampft und sagt, dass es stark sein will, sich einen liebenden Ritter an der Seite wünscht und nach Hilfe schreit, wenn es sich allein fühlt. Dabei muss ich ja erst mal lernen, wieder stark zu werden und mich nicht mehr so leicht einlullen zu lassen, sondern aufzustehen.

03.02.2018

Liebes Tagebuch,

es scheinen doch mehr Narzissten auf der Welt herumzulaufen, als ich dachte. Ich bin froh, dass Gott Nic jetzt gesagt hat, dass er mich in Ruhe lassen soll. Das tut Nic allerdings nicht und er stellt mich immer noch als gottlose Ehebrecherin hin. Außerdem kann er sich nicht erinnern, mich verbal oder psychisch fertig gemacht zu haben. Dabei ging das so weit, dass ich mich letztes Jahr nicht mehr aus dem Zimmer getraut habe. Ich hatte Angst, auf Toilette zu gehen, weil ich dachte, dass er wieder versucht, mich emotional fertig zu machen. Er hat sich vor mir aufgebaut und mir verbal gedroht. Ich habe mich nicht getraut, irgendetwas zu tun. Ich hatte einfach Angst. Es war so schlimm. Dann stand er vor mir und hat gesagt, dass wir in seiner Wohnung sind und dass ich mich ihm zu unterwerfen habe. Ich solle keine Widerworte geben und ihn respektieren. Vielleicht bin ich eine Ehebrecherin, die ihren kranken Mann verlassen hat. Vielleicht bin ich eine Frau, die die Zehn Gebote nicht befolgen kann. Doch ich glaube an Gott und ich bete. Doch ich habe Angst, dass Nic meine Kinder benutzt und kleine Glaubensmaschinen aus ihnen macht oder sie vielleicht nachher fallen lässt, weil sie sich nicht richtig benehmen, so wie ich ... Das würde mir das Herz brechen. Und er macht meinen Glauben kaputt. Denn sollte Nic ein Prophet sein oder wirklich christlich handeln und nach Gottes Vorstellung, dann wäre das wirklich ganz schlimm. Denn solch ein Mensch darf doch nicht mich oder meine Kinder so behandeln, oder?!

Ich lese gerade, dass man am besten nur schriftlich kommuniziert. Man sollte mit einem Narzissten wie eine Navi-Sprecherin freundlich, bestimmt, emotionslos und sachlich sprechen. Sätze wie „Das mag deine Ansicht sein. Ich habe eine andere" oder „Ja, ich habe dich gehört, ich antworte dir schriftlich" können hilfreich sein.

Ratgeber sagen so oft, dass man den Kontakt zu einem Narzissten vollständig abbrechen soll. Das ist nur nicht möglich, wenn man Kinder hat und für diese versucht, mit deren narzisstischen Vater in Verbindung zu bleiben.

Manchmal ist diese Situation kaum auszuhalten. Unbewusst steckt es in einem drin und nagt die ganze Zeit. Man kann es aber nicht wirklich benennen. Es fühlt sich an wie Gereiztheit und die Unfähigkeit, mit den Anforderungen des Lebens umgehen zu können. Man fühlt sich so schwach und hat wahnsinnige Angst, Entscheidungen alleine zu treffen, weil diese dann womöglich nicht die richtigen sind und das Leben noch schlimmer werden lassen. Man hat Angst, nie mehr glücklich zu werden. Aber in den letzten Tagen war ich glücklich. Ich habe tolle Menschen getroffen und ich fühle, wie ich langsam stärker werde.

Ich habe gelesen, dass ein Narzisst, wenn gemeinsame Kinder vorhanden sind, diese oftmals benutzt, um mit dem Terror weiterzumachen, um nicht aus dem Leben des anderen zu verschwinden.

Aber das ist genau der Punkt, den ich nicht verstehe. Ein intelligenter Mensch kann doch den Menschen nicht wehtun, die er liebt. Ich würde mir eher die Hand abhacken, als meinen Kindern Schlechtes zu tun. Sieht er denn nicht, wie schlecht es ist, dass er so über mich redet oder mich wie Dreck behandelt? Ich habe ihm wehgetan, und das tut mir sehr leid. Ich habe ihm einen Entschuldigungsbrief geschrieben, und er hat gesagt, dass ich ihn nicht verletzt habe. Ich denke, dass alles eine Entwicklung hin zur Trennung war. Wir sollten nicht mehr zusammen sein.

Er hat Fehler gemacht, und ich habe Fehler gemacht. Ich werde niemals wieder zurückgehen, weil er mich vor den Kindern so schlecht gemacht hat. Dass er mich in der Öffentlichkeit als Ehebrecherin, Lügnerin und Asoziale darstellt, ist mir ziemlich egal. Aber ich werde ihm nie verzeihen können, dass er meinen Kindern schadet.

Es ändert sich anscheinend nur der Schauplatz der Machtkämpfe. Von der Paarebene verlagert sich der Kampf auf die Elternebene, wobei die Kinder zum Spielball werden. Mit allen Mitteln versucht der Narzisst, die Kontrolle und die Macht zu behalten, und missachtet dabei auch die Bedürfnisse seiner eigenen Kinder. Bei der Trennung geht es dem Narzissten allein um sich und seine Befindlichkeiten. Er selbst hat keine Fehler gemacht, und würde diese niemals zugeben, wenn es welche gäbe. Der am Boden liegende Partner wird noch mehr attackiert.

Warum können mir Menschen solche Dinge antun wollen? Es ist wie eine Rache, die ich denke, erdulden zu müssen, weil ich mich getrennt habe. Ist das so? Muss ich das ertragen? Für meine Kinder? Wann ist genug aber genug, und muss ich da wirklich allein durch? Sollen alle die Menschen, die mir jetzt auf meinem Weg begegnet sind und die so lieb zu mir waren, meine Unterstützung sein? Ich bin wirklich sehr dankbar, dass mir gerade jetzt sehr deutlich gezeigt wird, wer für mich da ist und wer sich nicht abwendet.

Die Motive des Narzissten sind für das Opfer ersichtlich, nicht aber für das Umfeld. Die gemeinsamen Kinder werden manipuliert, und das Opfer wird schlecht gemacht.

Diese Information hat mir viel Kraft gegeben. Denn ich sehe Nics Motive, und allein das tut so weh, dass ich es manchmal kaum aushalte. Ich habe vor Gericht gesagt, wie es aussieht, und habe die Wahrheit erzählt. Trotzdem hat mir keiner so richtig Glauben schenken wollen. Ich habe immer wieder versucht, meine Sicht der Dinge deutlich zu machen, aber irgendwie habe ich mich scheinbar nicht gut verständlich machen können. Ich habe in erster Instanz das Aufenthaltsbestimmungsrecht verloren. Das hat mich am Boden zerschmettert, weil ich nicht gesehen wurde und meine Entscheidung und mein Weg angezweifelt wurden. Ob die Richterin weiß, was sie mit diesem Urteil angerichtet hat? Sie ist eine scheinbar intelligente Frau, die mich aber nicht verstanden hat. Augenscheinlich hat sie so getan, und dann gibt sie ihm die Gewalt, die er versucht hat, an sich zu reißen.

Werde ich die Kinder verlieren?

Es ist anscheinend ein narzisstisches Grundmuster, dass mit den Ängsten des Ex-Partners gespielt wird. Ganz groß im Raume steht die Angst des Ex-Partners, die Kinder zu verlieren. Eine friedvolle Kommunikation ist nicht möglich. Es geht dem Narzissten nur darum, Macht über die Kinder zu bekommen und dadurch das Leiden des Ex-Partners zu erhöhen. Nur wenn es dem Narzissten nutzt und seine Bedürfnisse befriedigt werden, kann man auf Zugeständnisse und Entgegenkommen hoffen.

Nic will sich nicht mit mir und einer dritten neutralen Person zusammensetzen und Dinge regeln. Dadurch macht er mir das Leben so viel schwerer. Ich muss so viele Dinge überlegen. Ich muss immer in Habachtstellung stehen und ich muss kämpfen. Das ist so anstrengend, und dabei spielt er mit meiner Angst um die Kinder.

Narzissten verdrehen die Tatsachen so hervorragend, dass sie vor Anwälten, Richtern und dem Jugendamt immer gut dastehen. Sie sind Meister der Tatsachenverdrehung und können sich perfekt ins rechte Licht stellen. Leider geschieht dies auf Kosten der Kinder oder dem Ex-Partner als Opfer.

Allein die Tatsache, dass ich darum kämpfen musste, dass die Kinder mit zu Opas Geburtstagsessen durften. Weil es an seinem Tag war, habe ich mich dazu bereit erklärt, dass Nic mit Lillith nach ihrem ersten Karateturnier essen gehen darf, obwohl dies mein Tag war. Eigentlich wollte er ja das gesamte Wochenende tauschen. Und dann sagt er doch nach dem Turnier, dass es nicht so wichtig ist und sie ein anderes Mal auch feiern können. Er hätte das Ganze gar nicht so abgesprochen. Er wollte doch nur sagen, dass solche Termine passieren können, wenn die Kinder bei dem anderen sind ... Anscheinend hatte er nun etwas anderes vor und plötzlich war das Essen mit seiner Tochter nicht so wichtig. Erst aufregen und dann abschmettern. Man zweifelt dann wirklich an seinem Verstand.

Oftmals schafft es der Narzisst im Machtkampf um die Kinder, dass das Opfer irgendwann ermüdet aufgibt, sich fügt und dann die Wünsche des Narzissten erfüllt, wie zum Beispiel, dass die Kinder nach seinen Vorgaben erzogen und betreut werden oder Unterhalt gezahlt wird.

Man hat mir jetzt von verschiedenen Seiten gesagt (Anwalt, Jugendamt, Freunde), dass ich nicht zahlen soll. Ich werde für meine Kinder diesen Kampf weiter durchhalten und alles geben, was ich kann. Ich werde niemals aufgeben und wenn es das Letzte ist, was ich mache.

Auch wenn ich seine Motive erkannt habe und mir wirklich Frieden und Gerechtigkeit wünsche, ich werde nicht klein beigeben und die falschen Motive in meinem Leben den Ton angeben lassen. Du willst spielen, Nic? Dann komm ... Ich werde niemals aufgeben, solange du unsere Kinder als Spielfiguren benutzt!

Auf die Justiz zu vertrauen, ist heute auch nicht richtig, denn auch sie fällt Fehlentscheidungen. Höre auf dein Herz und frage viele Menschen nach deren Sichtweise. Dadurch kannst du deine eigene Meinung hinterfragen. Leider kann deine Meinung nie objektiv sein.

Ich kann spielen und werde nicht mehr nur verlieren und mich über Niederlagen ärgern, sondern immer weiter spielen und mich verbessern. So werde ich dann am Ende so gut sein, dass ich die Gewinnerin bin. Nic verhält sich wie ein trotziges Kind, dem das Spielzeug weggenommen wurde. Doch ich habe erkannt, dass ich Feuer nicht mit Feuer bekämpfen darf. Ich muss lernen, mit meiner eigenen Verletztheit klarzukommen und auf Rache verzichten.

Ich werde daran arbeiten, eine gute Beziehung zu meinen Kindern zu haben. Ich werde nicht mehr versuchen, Nic in Schutz zu nehmen und die Beziehung zwischen ihm und den Kindern oder den anderen Menschen zu kitten. Ich nicht mehr.

Ich werde versuchen, meinen Feind metaphorisch zu umarmen und ihn nicht mehr mein Leben diktieren lassen. Ich arbeite daran, ihm zu verzeihen und mir zu verzeihen. Dabei muss ich lernen, nach vorne zu schauen, im Hier und Jetzt und nicht mehr in der Vergangenheit zu leben.

Ich habe gelesen, dass man mit einem Narzissten sachlich, freundlich und ruhig kommunizieren soll. Sollten zu viele Emotionen entstehen, so sollte man die Kommunikation vertagen und um eine schriftliche Kommunikation bitten. Man soll nie außer Acht lassen, dass der Narzisst, auch wenn er Seelen- und Energieräuber ist, auch ein sehr bedürftiges Wesen ist, eine verbitterte Seele ... Auch er ist nur auf der Suche nach Liebe.

Das ist wirklich schwierig. Ich bin ein so aufbrausender emotionaler Mensch. Das weiß Nic leider und er versucht, mich kaputt zu machen. Er soll mich einfach gehen lassen, und das werde ich nun versuchen, auszuhalten. Ich werde versuchen, inneren Frieden mit mir zu schließen und ich werde jetzt für mich allein sorgen. Ich bin ein großes Mädchen und ich bekomme das alles schon hin, und dann irgendwann wird ein Mann kommen, der mich sieht und der neben mir den Weg gehen möchte.

Ich werde einen Narzissten nicht ändern können. Aber ich kann lernen, meine Sichtweise auf ihn zu ändern. Ich kann versuchen, mich emotional von ihm zu distanzieren.

Der Kampf muss beendet werden. Denn ich bin ein friedliebender Mensch und hasse nichts mehr als Kampf und Krieg. Ich steige aus diesem Spiel aus und hoffe, dass er sich dann jemanden anderen sucht, mit dem er seine Spielchen weiterführen kann. Dafür bedarf es Zeit und Geduld! Geduld ... Das ist nicht so einfach ... Aber auch das werde ich meistern. Für meine Kinder und für mich.

04.02.2018

Ben wirft einen Ball: „Wir schaffen das zusammen." Sie läuft und holt ihn wieder. Es klebt noch Sabber am Ball, als er ihn in die Hand nimmt. Es ist ein wenig unangenehm, aber wenn er ehrlich zu sich ist, dann gefällt es ihm. Er holt aus und wirft den Ball noch etwas weiter weg: „Ich liebe dich. Wenn du nicht bei mir bist, dann vermisse ich dich." Sie macht sich wieder auf den Weg und rennt, so schnell sie ihre Beine tragen, und holt den

Ball. Sie stolpert. Steht wieder auf, reibt sich die aufgeschürften Knie und beißt die Zähne zusammen. Ihr Herz klopft ganz schnell, als sie wieder bei ihm ankommt. Es gefällt ihm, dass sie so gut bei Fuß läuft, und es widert ihn an. Er nimmt den Ball erneut und wirft ihn diesmal soweit er kann in den Morast: „Du bist die tollste Frau auf der Welt. Ich würde alles für dich tun und werde dich immer beschützen." Voller Leidenschaft und Inbrunst läuft sie los. Sie fliegt beinahe. Überschlägt sich förmlich. Langsam kann sie nicht mehr, bleibt im Morast stecken. Doch sie holt tapfer den Ball. Voller Liebe bringt sie den Ball zurück. Er nimmt den Ball aus ihrem strahlenden Gesicht und wirft ihn in die Ecke. Er hat keine Lust mehr, dreht sich um und geht. Sie legt sich neben den Ball und wartet. Wartet bis er irgendwann wieder Lust hat zu spielen.

IN DER HAND DES NARZISSTEN

115

TAGEBUCH

Liebes Tagebuch,

mein LKW-Fahrer ist so müde. Die letzten Nächte hat er höchstens drei, maximal vier Stunden geschlafen. Mehr Zeit hat er dafür einfach nicht. Seine Kinder müssen versorgt werden – und auch ihre Mutter. Denn wenn sie glücklich ist, dann kann sie ihre Kinder lieben, und das ist für ihn das Wichtigste. Er will seine Kinder von Mutterliebe beschützt wissen. Sobald er sich umdreht, fängt sie wieder an, nur an sich selbst zu denken, und sieht nicht einmal, dass sie den Kindern damit schadet. Er ist ein sehr guter Vater, für den seine Kinder an erster Stelle stehen. Für sie stellt er seine Bedürfnisse zurück und fährt LKW, damit genug Geld vorhanden ist. Eigentlich ist er leidenschaftlicher Koch. Er hat diesen Beruf erlernt und liebt ihn. Er könnte alles sein, was er möchte, weil er wahnsinnig talentiert ist, aber er kann wegen der Arbeitszeiten seinem Traum nicht nachgehen. Und so fährt er nachts LKW, um am Tage für seine Kinder da zu sein.

An diesem Morgen ist er besonders müde. Letzte Nacht hat er sogar nur zwei Stunden geschlafen, da die Mutter seiner Kinder Hilfe brauchte, weil ihr Handy kaputtgegangen ist. Da sind noch zwei LKWs vor ihm in der Warteschlange zum Aufkoffern. Das wird sicherlich noch eine halbe Stunde dauern. „Ich mach ganz kurz die Augen zu. Ich werde schon merken, wenn die LKWs vor mir fertig sind und an mir vorbeifahren."

Da klopfte es plötzlich an die Scheibe. Ein Kollege von ihm spricht ihn an: „Du bist fertig aufgekoffert und kannst jetzt weiterfahren." Verdutzt schaute er auf die Uhr. Er hatte über eine Stunde geschlafen. „Wieso hast du mich nicht geweckt? Ich muss doch selbst aufkoffern?"

„Du hast so tief geschlafen und warum nicht? Es tut mir ja nicht weh."

Es tut mir ja nicht weh.

Es tut mir ja nicht weh.

07.02.2018

Liebes Tagebuch,

ich bin auch wertvoll. Gott liebt mich auch. Auch mit meinen Fehlern. Ich bin toll, so wie ich bin, und ich bin liebenswert. *Momentan* befinde ich mich in einer Krise. Das wird besser werden. Geh jeden Tag deinen Weg! Immer einen Fuß vor den anderen setzen! Auch wenn mir das Atmen nach schlimmen Aktionen schwerfällt. Gott hat seine große schützende Hand um mich gehalten und mich in eine andere Richtung gedreht. Kann das sein? Ich bin wichtig und ich bin toll. Gott liebt auch mich. Auch dort draußen gibt es Menschen, die mich lieben.

09.02.2018

Liebes Tagebuch,

als ich heute wieder von Ben zurückkam, mal wieder am Boden zerstört, da sagte mir mein LKW-Fahrer, dass ich mir etwas Süßes, etwas Gesundes und eine Überraschung holen soll. Ich habe Eis, eine Antipickelmaske und einen Tanzfilm gekauft. Er hat mich gefragt, was als Teenager mein Lieblingslied war und welchen Witz ich am schlechtesten finde. Durch dieses andere Denken rettet er mich gerade. Warum tut er das? Er hat gar nichts davon. Ist das Freundschaft? Ich weiß nur, dass ich ihm wahnsinnig dankbar bin. Wie soll ich das wiedergutmachen?

15.02.2018

Liebes Tagebuch,

es klingt immer lauter in meinen Ohren: Schwächling; verabscheuungswürdige Heulsuse; schlechte Mutter; du hast mich mit deiner Liebe erdrückt; halt die Hand beim Gähnen vor den Mund; putz dir die Nase; Fettlappen, du solltest für mich abnehmen; alle Frauen sind irgendwie schön; du bist schuld, dass es mir so schlecht geht; ich habe keine Zeit, ich möchte dich nicht sehen; zwei Stunden sind um, ich möchte dich jetzt bitten zu gehen; du musst dich mir unterordnen; schweige; vertrau mir; eine gute Ehefrau ordnet sich unter; tu, was ich dir sage; unterschreibe hier mal ...

Ich bin schön! Ich bin intelligent und stark! Ich bin so, wie ich bin, mit all meinen Fehlern perfekt! Ich lerne jeden Tag! Ich wachse jeden Tag! Mein Leben ist mein Märchen, und jeden Tag passieren wundervolle märchenhafte Dinge. Heute habe ich mit Carlotta Musik im Bach gemacht. Ein kleiner Bachlauf gab die Grundmelodie, und wir haben durch das unterschiedliche Blubb der Steine eine Hauptmelodie erfunden.

So wie Nic oder Ben leben wollten und wollen, dass ich lebe, möchte ich nicht leben. Es ist nicht mein Weg und auch nicht meine Art. Ich muss wachsen. Ich muss mich selbst herausfordern und ich muss gehen. Nein, ich muss laufen. Ich will die Welt in mich aufsaugen und Menschen kennenlernen. Ich will mich kennenlernen und sehen, was in mir steckt. Ich möchte lernen, wie ich meine innere Balance wiederfinden kann. Ich möchte mich nicht mehr verletzen lassen. Ich möchte gewappnet sein.

20.02.2018

Liebes Tagebuch,

wie ich so wandere durchs finstere Tal, so wird mir gewahr eine ganz unglaubliche Qual. Überall im Wald liegen vereinzelte, umgekippte Bäume. Der letzte Sturm hat sie massenhaft einfach entwurzelt. Und zum ersten Mal sehe ich mir die Wurzeln genauer an. Sie sind ganz kurz und labberig. Der Sturm konnte sie ganz einfach mitreißen und zu Boden werfen. Nun haben sie nicht mehr die Möglichkeit, allein zu überleben. Sie brauchen Hilfe von außen. Jemand muss sie wieder aufstellen und ihre Wurzeln in den Boden pflanzen. Und dann muss der Baum selbst wieder zu seinen Wurzeln finden und sich neu erden.

Ich glaube, ich war auch so ein umgekippter Baum. Es war mir gar nicht klar, wie verkümmert meine Wurzeln waren, weil ich mich immer an die Bäume gehalten habe mit den vermeintlich stärksten und längsten Wurzeln, und dabei habe ich vergessen, an meinen Wurzeln zu arbeiten, und dass die Wurzeln von anderen vielleicht nur so stark aussehen, weil sie vereinzelt ein paar starke Wurzeln an die Oberfläche bringen und wir quasi schon darüber stolpern müssen. Wie es aber tatsächlich um die Wurzeln bestellt ist, kann nur der jeweilige Baum selbst sagen – wenn er sich mit ihnen auseinandergesetzt hat und sich seiner Wurzeln gewahr werden kann. Es liegt an uns, uns um unsere Wurzeln zu kümmern. Wenn wir sie hegen und pflegen, dann kann kein Sturm uns so schnell aus den Latschen kippen, und wir brauchen danach auch niemanden, der uns wieder aufhebt.

Ich bin hingefallen, und das gebe ich nun auch ganz offen zu. Ich muss mich dessen nicht schämen. Freunde, Fremde und überhaupt die Liebe der Welt haben mir geholfen, wieder aufzustehen und mir noch eine Chance gegeben, mich wieder auf das Wichtige zu besinnen, nämlich auf mich selbst.

26.02.2018

Liebes Tagebuch,
und wieder mal das Thema Schicksal.

Gerade in dieser Zeit, wo ich so tief am Boden liege, taucht meine Tante auf der Bildfläche auf. Wir hatten damals, als ich so 14 Jahre alt war, bereits Kontakt. Ich habe ihr so gern geschrieben und ich habe so sehr genossen, dass sie mir so oft geschrieben und Päckchen geschickt hat. Das war schön. Leider riss der Kontakt wegen eines Streits ab. Ich habe mich, glaube ich, nicht schnell genug für mein Konfirmationsgeschenk bedankt und dann wohl einen nicht so netten Brief geschrieben. Denn anschließend kam als Antwort ein Brief ihres damaligen Mannes oder Freundes, der sagte, dass aufgrund meines respektlosen Verhaltens meine Tante meine Mutter nun nicht zu einem gemeinsamen Urlaub einladen würde und dass ich sowieso ziemlich dumm sei, weil in meinen Briefen so viele Rechtschreibfehler seien.

MAMA-SEIN

Schon damals konnte ich nicht gut mit Kritik umgehen. Vielleicht hätte ich mich einfach entschuldigen und mich das Nächstemal schneller bedanken sollen. Aber damals habe ich das als Kritik an meiner Person gesehen. Warum auch immer. Ich bin doch eigentlich gut aufgewachsen. Ich musste nichts entbehren, und die Liebe meiner Mutter war grenzenlos.

Oh, nein ... Mir fällt es gerade wie Schuppen von den Augen. Was, wenn mein Vater auch Narzisst ist? Bin ich dann vielleicht dem Irrglauben verfallen, dass narzisstische Männer an meine Seite gehören? Ich weiß, dass mein Vater uns sehr liebt. Aber bereits in frühester Kindheit hat er die Erziehungsaufgabe an meine Mutter abgegeben und gesagt, dass er für uns das Geld verdiene. Ich kann mich noch daran erinnern, dass er einmal vor dem Fernseher saß und sich furchtbar aufregte, weil bei „Wer wird Millionär" die Antwort d) richtig war und nicht, wie er angenommen hatte, b). „Das sollen die mir mal beweisen. Was für ein großer Mist ..." Wenn er da war, dann strafte er eigentlich nur. Wir haben nie wirklich viel zusammen unternommen. Ein paar Mal haben wir zusammen im Garten gearbeitet. Das war wirklich schön, und wir hatten tolle Gespräche. Er hat mal eine lange Zeit bei mir in Berlin in meiner Wohnung übernachtet, als er Frühdienst hatte und sonst mit dem Zug nicht rechtzeitig zur Arbeit gekommen wäre. Er hat immer das gemacht, was er wollte, und hat zum Beispiel immer mein Geschirr aus der Abtropfwanne genommen und weggeräumt, obwohl ich ihm gesagt habe, dass ich mein Besteck viel lieber da aus der Wanne nehme, weil es dann gleich griffbereit ist. Er hat mir seine Meinung so oft aufgedrückt. Ich habe oft den Mund gehalten, und es über mich ergehen lassen. Und lange Zeit dachte ich wirklich, mein Papa wüsste es einfach besser. Und dann hat Nic gesagt, dass ich aufhören soll, ihn als Oberhaupt der Familie zu betrachten. Das sei er jetzt. Er hat sogar meinem Vater in meinem Namen eine Mail geschrieben. Geht gar nicht. Aber ich habe einfach viel über mich ergehen lassen. Ich habe meinen Vater immer als Choleriker gesehen. Beim Autofahren war das besonders schlimm. Er hat mich ein Jahr lang morgens zur Schule gefahren. Das waren wirklich zehn Horrorminuten. ich kam schweißgebadet an. Angeblich konnte keiner der anderen Autos fahren. Da hatten wir Sternchenkrieger, blinde Idioten oder Hut-auf-der-Ablage-Opas. Jeden Morgen Gebell für eigentlich nichts. Einmal ist einer sogar hinter uns hergefahren und wollte meinem Vater eins aufs Maul hauen. Aber mein Vater hat das Fenster hochgekurbelt und ist weggefahren. Das fand ich auch gut so. Wenn ich mir vorstelle, dass sich mein Vater vor meiner Schule mit jemandem geprügelt hätte, läuft es mir eiskalt den Rücken runter, und dabei sind mir Dinge, die andere tun oder nicht tun, eigentlich egal.

Habe ich etwa selbst narzisstische Züge? Vielleicht habe ich durch mein Aufwachsen mit einem narzisstischen Vater neben dem Drang, einen ebenso narzisstischen Mann wie meinen Vater zu finden, auch selbst narzisstische Verhaltensweisen gelernt. Eigentlich ist es ja ganz gut, ein starkes, ein wenig arrogantes Verhalten zu haben. Es muss aber gesund sein. Man sollte sich so gut es geht objektiv betrachten und auch Selbstkritik üben. Ich versuche, viele Meinungen über mich aufzunehmen und diese zu einem für mich stimmigen Bild zusammenzufügen. Ich bin so viele Puzzleteile. Ich bin ein bisschen wie ein Kaleidoskop. Man schaut hindurch, und wenn man es langsam dreht, dann verändern sich die Muster. Ich liebe das. Nie ist man gleich. Jedes Muster ist anders, aber dennoch ist es dasselbe Kaleidoskop. Ich bin Mutter. Aber auch hier bin ich immer anders. Mal bin ich die strenge und gestresste Mama, dann bin ich cool und relaxed. Mal bin ich ängstlich, mal handele ich nach dem Laissez-faire-Prinzip. Aber immer bin ich die Frau, die ihre Kinder liebt und ihr letztes Hemd für diese zwei kleinen Wesen geben würde.

01.03.2018

Liebes Tagebuch,
was denken die anderen von mir, und sehe ich das genauso?

Wer bin ich eigentlich? Menschen sehen mich unterschiedlich. Ich stelle mir heute eine Aufgabe. Die nächsten fünf Tage werde ich ohne Kinder sein. Ich möchte versuchen, diese Zeit ohne emotionale Zusammenbrüche zu überstehen. Wenn ich das geschafft habe, dann bin ich schon ein großes Stück weiter in meinem Heilungsprozess.

Tag 1
Ich war so wahnsinnig aufgeregt. Alleine weg? ... Und dann mit ganz fremden Leuten nach dem Auftritt noch um die Häuser ziehen? Okay, warum nicht? Ich bin offen. Zuerst brauchte ich sehr lang, um einen Parkplatz zu finden. Aber ich konnte mich doch nicht

durch so eine Lappalie von meinem Vorhaben abbringen lassen. Nachdem ich zwei Männer gefragt hatte, wo ich denn Manuels Auftritt sehen könne, schauten sie sehr freundlich in ihren Programmheften nach. Ich erfuhr, dass es auch an unterschiedlichen Orten noch Konzerte oder andere Darbietungen gab. Nächstes Mal gucke ich mir die anderen Sachen vorher auch an. Ich traue mich jetzt. Es war gar nicht schlimm.

Manuels Freunde waren äußerst spannend. Zum einen war da Mareike – eine schöne Frau. Sie war auch schon sehr betrunken und schaute mir ganz tief in die Augen. Dann sagte sie, dass sie meine Seele sehen könne und dass ich ganz warm innen sei.

Vielleicht ist dieses In-die-Seele-Schauen totaler Quatsch. Aber irgendwie mag ich die Vorstellung. Es gab schon vorher in meinem Leben eine ähnliche Situation. Damals verliebte ich mich unsterblich in den 20 Jahre älteren Tom. Am ersten Abend sagte er mir (und schaute mir dabei ganz tief in die Augen): „Diana, ich kann in deine Seele schauen. Du bist wunderschön, aber du musst in deinem Leben aufpassen und sie schützen, da sie so offen daliegt." Das hab ich damals nicht verstanden. Heute glaube ich es ein wenig zu verstehen. Ich lasse Menschen sehr schnell in mein Herz und lege ihnen mein Leben, meine Gedanken und meine Gefühle zu Füßen. Dadurch können die falschen Menschen ziemlich blöde Sachen machen. Das habe ich schon öfter erleben dürfen in meinem Leben. Sie haben meine Liebe ausgenutzt und sich genommen, was sie brauchten, wenn sie es wollten, sind mir aber nie entgegengekommen und haben nie versucht, auch mal für mich da zu sein.

TAGEBUCH

Tag 2

Ich bin früh aufgestanden, um zum zweiten Karate-
wettkampf von Lillith zu fahren. Sie hat alle vier
Kämpfe verloren und war so traurig, aber auch sehr
tapfer. Sie hat an diesem Tag sehr viel gelernt, und seit
langem hatte ich auch mal das Gefühl, dass Nic einen
guten Job gemacht hat. Er war für Lillith da und war
auch zu mir nett. So konnte ich mit einem guten Gefühl fahren. Ich habe sogar überlegt, mir noch eine
Stadt auf dem Weg anzusehen, weil so schönes Wetter
war. Aber ich war zu müde, und so fuhr ich nach Hause. Hier wartete mein Schwesterlein schon auf mich
und sie, Baby Cosimo und ich gingen gemeinsam wählen und danach noch spazieren. Das tat mir sehr gut,
und hinterher konnte ich gut schlafen.

Später bin ich dann noch Laufen gegangen, um
den Abend mit einer Folge „Sex and the City" zu beenden. Zuvor habe ich aber noch einen Wochenplan
für mich geschrieben. Ich habe zwei Zeitperioden:
einmal Anfang der Woche ohne Kinder – manchmal
von Samstag bis Mittwoch und manchmal von Montag
bis Mittwoch – und die zweite Periode von Mittwoch
bis Freitag oder Montag. Wenn ich allein bin, heißt das
größte Thema gerade: durchhalten; die Augen nach
einem passenden Job offen halten und mich zum Beispiel darum kümmern, dass Nics und meine Finanzen
getrennt werden und die Versicherungssachen geklärt
sind. Ich habe immer nur unterschrieben und mich nie
wirklich damit beschäftigt. Selbst schuld. Aber jetzt
stehe ich auf und kümmere mich um mein Selbstbewusstsein. Ich werde in diesen Zeiten versuchen, her-

auszufinden, wer ich eigentlich bin und was mich glücklich macht. An diesen Tagen werde ich Freunde besuchen und Dinge tun, die ich vielleicht nicht so einfach mit Kindern machen kann. Ich muss stark werden. Ich muss mich wieder finden und auf mich vertrauen. Ängste müssen abgebaut werden, und ich muss versuchen, wieder auf mein eigenes Urteil zu vertrauen.

03.03.2018

Tag 3

Ich bin aufgestanden und habe mir in Ruhe Kaffee gemacht. Jeden Morgen beginne ich eigentlich mit dem Abhören der Nachrichten meines LKW-Freundes. Ich finde seine Nachrichten so vielfältig. Manchmal bringen sie mich zum Lachen, dann denke ich über ein von ihm angerissenes Thema nach. Er hat wirklich eine ganz andere Sichtweise auf die Dinge, wodurch sich manchmal auch mein Blickwinkel ändert. Je mehr ich von ihm höre, desto mehr fasziniert mich dieser Mensch. Ich möchte, dass diese Freundschaft nie endet. Er gibt mir gerade so viel, und ich habe das Gefühl, dass ich nicht alleine bin. Aber ich muss auch aufpassen, denn wenn es ihm nicht gut geht und ich meinen Tag mit seinem Groll auf die Welt beginne, dann wird mein Tag auch schlecht, weil ich mich in meinen Freund hineinversetzt und vergessen habe, ich zu sein und zu sehen, dass das nicht meine Probleme sind.

Ich denke, dass mein Vater mir durch seine dominante Art eigentlich immer gezeigt hat, dass ich nichts alleine kann. Vielleicht ist das etwas krass ausgedrückt. Aber ich hatte immer das Gefühl, dass ich selbst nichts entscheiden kann; ein Gefühl von Angst, Dinge falsch zu machen: den falschen Freund auszusuchen, die Hausaufgaben falsch zu machen und nicht gut zu sein. Irgendwie hatte ich nie das Gefühl, dass er stolz auf mich war. Meine Mama war auch immer sehr behütend, so dass ich nie wirklich erwachsen werden musste. Irgendwie lief immer alles glatt. Klar, hatte ich manchmal Probleme, aber nie wirklich schlimme Sachen. Wenn ich zurückdenke, fällt mir nur ein, dass mich meine Mama damals einmal rausgeworfen hat. Ich war verliebt in Mohammed. Wenn ich jetzt darüber nachdenke, dann war das einer der größten Narzissten. Araber, er fand sich immer wahnsinnig schön und hat das auch gezeigt und gesagt: „Diana, wenn du mich nicht willst, dann bin ich von einem auf den anderen Tag weg. Dann werde ich mir eine andere suchen, und alle wollen mich. Ich kann jede haben." Ich war einfach hin und weg von diesem Mann. Er war wunderschön. Er hatte schwarze Afrokrause und ein wirklich umwerfendes Lächeln. Ein Riesennarzisst – das weiß ich heute. Er umgarnte mich und sagte so schöne Dinge. Ich war ihm wirklich verfallen.

Wir waren verabredet. Er musste noch etwas erledigen und bat mich, im Café auf ihn zu warten. Ich trank warmen Kakao und las. Irgendwann kam der Barkeeper und brachte mir noch einen Kakao von einem Mann, der schon gegangen war. Ich war wirklich überrascht und erzählte Mohammed später diese ulkige Geschichte. Er wurde so böse, dass er die kleine Babykatze seiner Freundin (die ihm Unterschlupf gewährte, weil er nicht genug Geld für eine eigene Unterkunft hatte) mit voller Wucht gegen die Wand schmiss. Und so wie ich immer wieder angekrochen gekommen bin, so strich auch die Katze, das nächste Mal wieder schnurrend um seine Beine und lechzte wie ich nach seiner Aufmerksamkeit.

Einen anderen Abend waren wir mit seinen Freunden gemeinsam tanzen. Als Mohammed Bier holen war, sprach mich ein sehr netter Mann an und fragte nach meinem Namen und mit wem ich hier sei. Ich war so verliebt, dass ich ihm freudestrahlend sagte, dass ich mit meinem Freund hier sei. Es war ein ganz netter Abend und irgendwann erzählte ich Mohammed, dass ich gerade angesprochen worden sei und dass ich ihm gesagt habe, dass ich mit meinem Freund da sei. Ich dachte es würde ihn vielleicht stolz machen. Das Gegenteil war der Fall. Er wurde ganz böse und sagte mir, dass ich eine blöde Schlampe sei. Ich hatte ihm stolz erzählt, dass die verliebte Diana angesprochen worden sei und sie aber den Typen hat abblitzen lassen, weil sie ja einen so tollen Freund hat. So toll, dass er mich daraufhin anschrie und aus der Disco lief. Ich rannte ihm hinterher, und als ich ihn am Ärmel zu fassen bekam, da schlug er mir ins Gesicht. Ich weiß nicht mehr, ob es die Faust oder die flache Hand war. Aber dieser Schlag war so unvorbereitet und so hart, dass ich zu Boden ging. Und da hat dieser Feigling mir dann auch noch in den Bauch getreten und hätte weitergemacht, wenn nicht der Türsteher gekommen wäre und ihm Einhalt geboten hätte. Seine Freunde haben ihn nicht zurückgehalten, und als ich noch unter Schock stand, haben sie auf mich eingeredet und dazu gebracht, hinter ihm herzufahren und ihn zu bitten, dass er bei mir einsteigt, damit ich ihn nach Hause bringe. Er ist nicht eingestiegen, und ich habe ihn nicht angezeigt. Nein, stattdessen habe ich mich geschämt. Meine Eltern haben gar nichts davon mitbekommen, wie er mich behandelt hat, aber es vielleicht gespürt. Ich habe abends das Auto meiner Eltern leise ohne Motor aus der Garage geschoben, dann leicht runterrollen lassen und bin dann reingesprungen. Unten an der Straße hab ich dann den Motor angemacht und bin zu Mohammed gefahren.

Einmal war er so sauer wegen irgendetwas, was ich angeblich gemacht hätte, dass er gegen die Windschutzscheibe gehauen hat und sie zersplittert ist. Meinen Eltern sagte ich, dass mir am Bahnhof irgendjemand die Scheibe eingeschlagen hat.

Und dann kam irgendwann der Tag, an dem meine Mama mich dann rausgeworfen hat, weil sie mitbekommen hat, dass ich verbotenerweise noch mit Mohammed zusammen bin. Ich hatte es ihr in einem Anflug von Ehrlichkeit erzählt. Ich stand wirklich unter Schock. Ich saß einen Tag auf meinem Bett und habe nur aus dem Fenster gestarrt. Ich konnte nirgendwo hin. All meine Freundinnen konnten mich nicht aufnehmen. Da war ich 19 und gerade mit dem Abitur durch. Ich half Mohammed, seine neue Wohnung zu renovieren. Aber immer drehte er mir das Wort im Munde um. Am Ende des Tages war ich immer der Buhmann. Und als ich vor Müdigkeit einschlief, während er mir seine Probleme aufbürdete, die eigentlich immer die gleichen waren (eigentlich hatte er immer kein Geld), da war er total sauer auf mich. Ähnlich reagierte er, als ich ihm von meiner Vorstellung erzählte, dass ich, wenn ich einmal ein Kind bekäme, gern ein halbes Jahr Elternzeit nehmen würde, und es gut fände, wenn anschließend mein Mann auch ein halbes Jahr nehmen würde, damit ich arbeiten gehen kann. Ein anderes Mal hat Mohammed mir ins Gesicht gespuckt, weil er mich mit einem anderen Mann (einem Kollegen) hat spazieren gehen sehen. Und immer bin ich ihm danach noch hinterhergelaufen. Doch eines Morgens bin ich ohne Tschüss zu sagen aus der Wohnung gegangen und nie wieder gekommen. Da hatte ich es geschafft.

04.03.2018

Tag 4

Heute, am vorletzten Tag, haben mich die Gefühle wieder übermannt. Die anderen Tage waren gut und erfüllt. Woran liegt das? Vielleicht an der Dauer beziehungsweise der Länge der Zeit ohne Kinder? Dann traf ich unseren gern redenden Nachbarn. Es ist mal wieder alles aus mir herausgesprudelt. So war er ja schließlich auch dabei, als Nic mich beschuldigt hat, die Tür manipuliert zu haben, und hat ja auch gesehen, wie ich die Tür einfach aufgemacht habe. Zu Hause war ich deswegen immer noch unter Strom, besonders weil mein LKW-Freund kommen wollte, um die Schaukel aufzubauen. Ich habe ihn ein wenig von meiner Lage erzählt und ich glaube, dass er mich wirklich für dumm und naiv hält. Ich meine, das ist ja auch so. Ich war dumm und naiv. Aber jetzt nicht mehr. Ich habe mich verändert, oder? Er ist einfach für mich da und hört mir zu. Er kritisiert mich auch. Aber irgendwie fühlt sich das anders an als bei Ben. Weil Ben vielleicht so angegriffen ist durch meine Art und mich gerade nicht mag.

05.03.2018

Tag 5

Ich musste Carlotta heute Morgen gleich abholen und zum Arzt bringen, weil sie gestern so schlimm gehustet hat. Nach einem kleinen Spaziergang liegen wir jetzt zusammen im Bett und gucken Filme auf Englisch. Gerade läuft ihre Lieblingsserie „Mia and Me". Ich glaube, dass man vielleicht sogar am momentanen Filmgeschmack der Kinder sehen kann, wie sie so drauf sind. Mia ist ein ganz liebes Mädchen. Sie ist real, und wenn Hilfe in Centopia gebraucht wird, dann wird sie von der realen Welt in die Comicwelt gerufen. Dort hilft sie. Alle mögen sie, und sie ist etwas Besonderes. Ein Einhorn namens Onchao liebt sie sehr und steht ihr immer zur Seite. Lillith guckt gerade gerne inspirierende Tanzfilme wie „Honey". Von ganz unten arbeitet sich Honey durch alle Probleme und ist zum Schluss erfolgreich und glücklich. Auch „Tom und Jerry" sieht sie gern. Tom und Jerry streiten sich eigentlich ständig, Aber dennoch sind sie die besten Freunde. Konflikte sind für sie nur ein Spiel. Ich muss Lillith mal fragen, was ihr daran so gefällt.

Heute habe ich mich gefragt, was es ist, warum ich in meinem Leben immer wieder an Narzissten gelangt bin. Mein Vater ist Narzisst, und ich liebe ihn sehr. Ich habe nie wirklich das Empfinden gehabt, eine starke Frau zu sein. Ich habe mich schon immer leicht von anderen leiten lassen, und dies haben dann die falschen Männer ausgenutzt, um sich und ihr Selbstbewusstsein zu verbessern. Sie haben einfach meine Art, zu helfen und für sie da zu sein, meine Art, meine Liebe zu zeigen, ausgenutzt, und ich war so dumm, das mit mir machen zu lassen. Aber warum habe ich das mit mir machen lassen? Vielleicht aus Angst, diesen Menschen zu verlieren? Aber da gibt es genug Menschen, die mich lieben und toll finden ... Vielleicht weil ich Streit aus dem Weg gehen wollte und dann lieber geschwiegen habe, als auf Konfrontation zu gehen? Aber jeder Streit hat einen Grund, für den es sich manchmal lohnt zu kämpfen.

UNTEN WIE OBEN ...
WENN TAG UND
NACHT, HIMMEL UND
HÖLLE KOPFSTEHEN

10.03.2018

„Und du hast dir alles andere gemerkt, wovor du dich hüten musst?"

O ja, sie wusste es noch. Und während der folgenden Tage tat Ronja nichts anderes, als sich vor allem Gefährlichen zu hüten und sich darin zu üben, keine Angst zu haben. In den Fluss zu plumpsen, davor sollte sie sich hüten, hatte Mattis gesagt, und darum sprang sie am Ufer kühn und keck von einem glatten Stein zum anderen, dort, wo das Wasser am wildesten toste. Schließlich konnte sie sich ja nicht im Wald davor hüten, in den Fluss zu plumpsen. Sollte das Sichhüten überhaupt von Nutzen sein, dann musste sie es bei den Stromschnellen und Strudeln und nirgendwo sonst üben. Wollte sie aber zu den Stromschnellen gelangen, musste sie den Mattisberg hinabklettern, der jäh und schroff zum Fluss hin abfiel. Auf diese Weise konnte sie sich gleichzeitig darin üben, sich auch davor nicht zu fürchten. Beim ersten Mal war es schwer, da packte sie eine solche Angst, dass sie die Augen zumachen musste. Doch nach und nach wurde sie immer wagemutiger, und bald kannte sie alle Spalten und Ritzen, wo ihre Füße Halt fanden und sie sich mit den Zehen festkrallen konnte, damit sie nicht rücklings in den Fluss stürzt.

Welch ein Glück, dachte sie, dass ich eine Stelle gefunden habe, wo ich mich davor hüten kann, in den Fluss zu plumpsen, und mich gleichzeitig darin üben kann, keine Angst zu haben!

Auch ich fürchte mich vor so vielem. Und dann mache ich einfach die Augen zu, atme einmal ganz tief ein und laufe los, ohne lange darüber nachzudenken. Ich laufe los und werde YouTube-Star. Eigentlich habe ich wahnsinnige Angst vor der Kritik anderer Leute. Ich gehe zum Arbeitsamt und bespreche tausend Dinge und tausche Ideen für meine Zukunft aus. Dabei habe ich Angst, dass andere mich anschreien oder mir meine Fehler aufs Tablett legen. Ich verleihe Geld, obwohl ich Angst habe, dass irgendwann mein Glück ein Ende hat und ich am Hungertuch nage, obwohl ich mir selbst sehr selten etwas gönne. Ich schreibe Kurzgeschichten und male, obwohl ich Angst vor der Kritik anderer habe. Ich bin ängstlich und versuche, mich vorm Fürchten zu hüten.

Ich möchte nicht eifersüchtig sein und fürchte mich davor, ein schlechter Mensch zu sein. So versuche ich, mich mit dem Thema Eifersucht genau zu beschäftigen. Ich gehe ganz bewusst in Situationen, die mich eifersüchtig machen ... Zum Beispiel beschäftige ich mich mit der Ex oder beschäftige mich mit der Vergangenheit. Dann versuche ich, in mich hineinzuhorchen, nehme unterschiedliche Positionen ein und versuche, mich zu lieben und auf mein Herz zu hören, und dann geht es mir meist besser.

13.03.2018

Liebes Tagebuch,
ich werde mich wieder etwas verkriechen. Sonst ist der Schmerz nicht auszuhalten. Ich habe keinen objektiven Blick mehr auf mich.

Morgen muss ich die Mädchen wieder abgeben, werde einen Kurs im Fitnessstudio geben und mich danach verkriechen.

Es geht wieder auf den Moment zu, wo ich meine Kinder abgeben muss. Dies ist ein Moment, in dem ich so verletzlich bin. Es kommen dann Faktoren zusammen, die mich einfach stressen und die ich nicht verarbeiten kann. Es ist, als sei mein Herz zu voll, und da es gerade nur notdürftig zusammengeflickt ist, droht es zu zerplatzen. Es ist, als wenn Dinge, die ich sonst mit Leichtigkeit hinnehme, mich plötzlich auffressen: Ich bin ausgebrochen, weil Nic mich so schlimm behandelt hat, weil ich mich nicht mehr so verhalten habe, wie er es von mir verlangt hat. Er hat psychischen Druck auf mich ausgeübt. Seine wahren Ziele, nämlich, mich klein zu halten und so umzuformen, dass ich sein Leben möglichst angenehm mache, sind aufgedeckt worden. Und dann manipuliert er meine Tochter so sehr, dass sie mich in ihren Spielen als böse darstellt und ihn als gut. Ich habe heute im Auto mit ihr gesprochen und ihr versucht zu erklären, dass ich ihr irgendwann die Wahrheit sagen kann. Sie hat insistiert und gebohrt, warum ich es ihr jetzt nicht sage. Ich meinte, dass sie sich ein eigenes Bild von ihrem Vater machen muss. Wenn ich ihr meine Wahrheit sage, dann wird sie wieder zu ihm rennen und es ihm erzählen, und dann wird er alles umdrehen und mich noch schlechter darstellen. Ich habe ihr gesagt, dass wir uns beide nicht mehr lieben. Wir haben beide Fehler gemacht. Wir sind beide nicht perfekt. Ich habe dann gesagt, dass ich nicht absichtlich den Kühlschrank abgetaut und ihrem Vater ja Geld für neue Lebensmittel gegeben habe. Ich habe gesagt, dass Nic mir nur Schlechtes zuschreibt. Deshalb hat er mir auch zugetraut, dass ich die Tür manipuliere, um ihn zu ärgern. Lillith sagte, sie habe vorher im Auto mit ihm darüber gesprochen, wie es wäre, wenn ich wieder nach Hause käme. Sie haben zusammengesessen und darüber gesprochen, dass ich gegangen bin und wieder zurückkomme, als wäre es meine Verfehlung gewesen, mich zu trennen. Ich würde bald wieder kommen ... Und dann manipuliere ich die Tür? Was sind das für kranke Gedanken? Oder sind sie einfach nur verfälscht durch die Blicke eines Kindes, das sich wünscht, dass ihre Eltern wieder zusammenkommen? Nic hat mich so schlimm behandelt. Egal, was passiert ist, ich werde die Bilder nie vergessen. Sie haben sich in mein Hirn gebrannt. Ich habe versucht, eine gute Ehefrau zu sein. Der liebe Gott weiß wie sehr. Ich habe es wirklich versucht und alles bis zur Selbstaufgabe getan. Ich habe keine Widerworte gegeben und alles gemacht, wie er es wollte. Ich habe jegliche Verantwortung an Nic abgegeben, so dass er mich machtlos machen konnte. Er weiß genau, wie er mich manipulieren kann. Ich war seine Marionette. „Ich habe das aus dir gemacht, was du jetzt bist."

Ich habe versucht, Ben zu schreiben. Er sollte einfach nur diesen Moment mit mir aushalten. Ich hatte solche Angst. Ich war so allein, so hilflos. Und dann sagt er mir in diesem Moment, dass ich aufhören soll, mich da hineinzusteigern. Viele Menschen hätten sich getrennt. Ich solle nicht so ein Drama daraus machen. Ich dürfe nicht so viele Nachrichten hintereinander schreiben. Er mache jetzt sein Handy über Nacht aus. Wow. Wenn ich jetzt noch daran denke, an diesen Moment, dann schnürt es mir die Kehle zu, und ich kann nicht mehr atmen. Aber ich bin gewachsen. Ich entscheide mich ganz bewusst, mir keine Gedanken darüber zu machen oder mich nicht mehr damit zu beschäftigen.

Ich höre jetzt Musik und mache mir keine weiteren Gedanken.

15.03.2018

„Die Suche nach dem heiligen Gral aka die Suche nach meinem Schutzschild."

Ich bin ein sehr offener Mensch. Andere wissen eigentlich sofort, wie ich mich fühle und alles, meine Körpersprache, meine Mimik und was aus meinen Augen sprüht, lässt Menschen mein Innerstes sehen.

Ich habe Menschen kennenlernen dürfen, die Zäune, Schutzschilde, Mauern, Maskeraden oder Rüstungen um sich haben. Leider fehlt mir dies, und ich lasse mich von Menschen ganz schnell verletzen. Dadurch, dass ich sehen durfte, weiß ich, dass sie es nicht böse meinen, aber dennoch habe ich so wenig Schutz, dass es mir wehtut. Ich muss mich auf die Suche nach dem heiligen Gral, äh ich meine nach dem geeigneten Schutzschild für mich machen.

Bei der Suche nach dem heiligen Gral ist Parzival der Held. *Dieser Held, Parzival (...), in dem sich größter Heldenmut und Reinheit vereinen, wächst abseits der Welt auf. Ihm fehlt der Sinn für die Wirklichkeit, weshalb er auch „tumber Tor" oder „großer Narr" genannt wird. Der Held verlässt sein behütetes Zuhause und wünscht sich, der bedeutendste Ritter seiner Zeit zu werden. Am Hof von König Artus wird er zum Ritter geschlagen und in die Gemeinschaft der Tafelrunde aufgenommen. Der Held erwirbt sich Ansehen durch seinen tollkühnen Umgang mit Waffen und durch seine naive Art, als er sich einfach auf den ‚Platz der Gefahr' setzt (Quelle wikipedia, Zugriff am 15.03.2018).*

Ich glaube, Parzival bin ich, nur in heutiger Zeit. Ich bin auch in einem behüteten Zuhause aufgewachsen. Es fehlte mir nie an

Liebe oder Unterstützung und mich ereilten eigentlich auch nie irgendwelche Schicksalsschläge. Ich glaube noch immer daran, dass dieses Leben ein Märchen voller Wunder und Liebe ist und das Böse am Ende durch das Gute besiegt wird. Ich möchte raus in diese Welt und den Menschen zeigen, wie schön sie sind und diese Schönheit aufsaugen und erleben. Ich bin auch unheilbar naiv und manchmal glaube ich, dass diese Naivität mich noch angreifbarer macht. Das ist wahrscheinlich auch so. Ich denke, dass meine Art Parzivals tollkühnem Umgang mit Waffen entspricht. Meine Naivität, Offenheit und Ehrlichkeit ist meine Waffe.

Parzival erlebt nun unterschiedliche Abenteuer und muss verschiedene Aufgaben lösen. So habe auch ich es mit den Widrigkeiten des Lebens zu tun. Mein Auto verdurstet fast auf der Autobahn, ich fahre 10 Kilometer ohne Sprit und erlebe, dass ich es trotzdem schaffe, wenn ich nur fest genug daran glaube, zwar klitschnass geschwitzt, aber überglücklich. Ich zahle eine Strafe für meine Dummheit, dass ich mich nicht beim Arbeitsamt melde, und bekomme einen Monat kein Geld. Gleichzeitig erlebe ich aber auch die Liebe und Unterstützung von Freunden oder völlig Fremden, die mich am Telefon trösten.

Parzival geht durch die Liste der Tugenden. Seine Hilfsbereitschaft, sein Verständnis, seine Güte, seine Großzügigkeit, seine Toleranz, seine Offenheit, sein Fleiß, seine Zuverlässigkeit und seine Verantwortlichkeit werden gebraucht. Da er dadurch aber auch die Menschen anzieht, die gerade diese Eigenschaften nicht besitzen, muss er lernen, sich auch manchmal abzugrenzen. Und er macht die Erfahrung, dass er durch andere Menschen, die ihm auch diese positive Verhaltensweisen entgegenbringen, wieder auftanken kann. Genau dies ist mein Aufgabe im Leben: mich abzugrenzen und nicht immer geben zu wollen und auch einmal an mich zu denken und Hilfe von anderen anzunehmen – Geben und Nehmen.

17.03.2018

Liebes Tagebuch,

das hat mich ja heute mit voller Wucht niedergeschmettert. Die Mädchen haben noch geschlafen. Es war schon kurz vor neun. Eigentlich sind die beiden schon gegen 7 oder 8 Uhr total quirlig. Und dann schreibt Nic mir auf meine Nachricht, dass die Kinder noch schlafen: „Sie schlafen sicherlich nicht mehr." Was erlaubt er sich denn? Dann der Stress, die Kleinen anziehen zu müssen und sie diesem liebevollen, freundlichen Mann zu übergeben. Der Fitnesskurs hat mich dann etwas abgelenkt, und ich weiß, dass ich hier gut bin und einen tollen Kurs geben kann, aus dem alle glücklich und fröhlich rausgehen und dadurch etwas für ihre Gesundheit getan haben. Das erfüllt mich. Aber danach war es noch schlimmer, nach fünf schönen und intensiven Tagen mit meinen Kindern in eine leere Wohnung zu kommen, wo die Tellerchen noch auf dem Tisch stehen und die fast leere Milchflasche auf dem Boden liegt.

Und jetzt sitze ich da und kann nicht atmen und mein Kopf ist so voll von Gedanken und Gefühlen, dass ich keinen klaren Gedanken fassen kann. Innerlich schreit mein Herz nach Befreiung. Da liegt ein so schwerer Stein auf mir. Ich wünsche mir so sehr, einmal umarmt zu werden; einfach nur ein paar Minuten gehalten zu werden, damit ich lernen kann, wie man

das macht, damit ich mich irgendwann selbst umarmen
kann. Ich möchte nur einmal kurz Kraft tanken. Ich
möchte weinen und das Ganze mal herauslassen und
danach wieder lachen. Es soll aus meinem System.

GEKAPPTE FLÜGEL

21.03.2018

Liebes Tagebuch,

heute bin ich zu Meerschaum geworden. Ich habe ihn so sehr geliebt. Ich habe mich verbogen, um ihm zu gefallen. All meine Zeit habe ich investiert und ihm geschenkt. Immer wieder habe ich mich klein gemacht und bin ihm hinterhergelaufen. Manchmal mochte ich mich dafür selber nicht. Dann habe ich mich neben mich gestellt und bedauert. Bedauert dafür, so schwach zu sein. An einem Tag bin ich dreimal zu ihm gefahren, weil er mich immer wieder weggeschickt hat, um mich dann wieder zu sich zu holen. Wenn ich gemerkt habe, dass ich ihm zu viel wurde, dann bin ich gegangen, auch wenn es mir das Herz zerrissen hat zu sehen, dass er mich nicht so sehr wollte wie ich ihn. Je mehr ich ihn liebte, desto weniger liebte er mich. Aber was sollte ich denn tun? Gehen? Ihn allein lassen? Und dann nahm er sich eine andere. Vielleicht hat er für sie nie so emp-funden wie für mich, aber es war, als reiße mir jemand das Herz bei lebendigem Leibe heraus. Sie hatte sich auch noch in ihn verliebt. Er war zu ihr gefahren. Zu mir traute er sich nicht mehr. Ich konnte ihm nie mein neues Leben zeigen. Er wollte immer nur mein altes Ich. Aber das hatte ich gerade meilenweit überholt. Mein altes Ich war gefangen in einer Welt, die nicht meine war, in der nicht meine Spielregeln abliefen, in der ich gehemmt war, meine Flügel gestutzt, meine Freiheit begrenzt, mein freies Denken manipuliert und eingesperrt, verkümmert. Ich war ein Häufchen Elend, das versucht hat, sich aus dem Moloch zu schaufeln. Ich habe es geschafft, wie ein Phönix neu und gestärkt und schöner als je zuvor aufzusteigen. Doch all das hat ihm Angst gemacht. Er konnte mich vor lauter Strahlen nicht mehr sehen und hat die Augen zugekniffen. Ich hoffe wirklich sehr, dass er all die Dinge nicht absichtlich gesagt und getan hat, um mir wehzutun, sondern allein aus dem Grund, sich selbst zu schützen. Denn sonst kann ich gar nicht mehr vertrauen. Denn er hat immer gesagt, dass er mich liebt. Und ich habe gefühlt, dass dies stimmt. Doch mit mir zusammen sein konnte er nicht. Dafür hat die Liebe nicht gereicht. Und so habe ich heute seine Nummer gelöscht und kann hoffentlich auch irgendwann die Erinnerungen an ihn löschen. Und als ich dies tat, wurde ein Teil von mir zu Meeresschaum und wird nun eine Zeitlang hin und her gespült werden, bis ich endlich frei sein und wieder fliegen darf.

26.03.2018

Liebes Tagebuch,
von guten Mächten treu begleitet ...

Es ist, als hätte ich den richtigen Weg gefunden. Ich fühle mich gestärkt und wieder mehr in Balance. Es ist wirklich wie ein Wunder. Ich bin kein Mensch, der viel Geduld und innere Ruhe hat, aber ich habe das Gefühl, wieder stark zu sein. Ich habe viele Schicksalsschläge erlitten. Einiges hat mich zu Boden geworfen. Ich habe das Gefühl, immer noch vertrauen zu können, und weiß, dass ich immer wieder aufstehen kann. Ich habe mein Gegenstück gefunden. Es ist so toll, dass ich es fast gar nicht glauben kann. Ich bin mit Mama über ein verlängertes Wochenende zu meiner Tante gefahren. Wir haben sehr lange keinen Kontakt gehabt. Dies liegt an den Geschwisterstreitigkeiten zwischen meinem Vater und ihr. Laut ihren Erzählungen hat sie schon immer mit ihm Schwierigkeiten gehabt. Ich liebe meinen Vater sehr und ich möchte ihm nicht unrecht tun. Aber er ist kein einfacher Mann und weiß Gott nicht immer gerecht oder umgänglich. Vielleicht ist er doch kein Narzisst, aber er hat sehr viele narzisstische Züge. Ein Zusammenleben mit ihm ist wirklich harte Arbeit. Deshalb zolle ich meiner Mutter höchsten Respekt. Ich habe das nicht mehr ausgehalten. Vielleicht spielen da gerade auch noch ein wenig negative Gedanken mit. Ich schäme mich dafür. Sie ist da so viel stärker als ich. Sie hält es bei ihm aus und hat ihr Leben so adaptiert, dass es passt. Ich musste aus meiner Ehe ausbrechen. Aber vielleicht muss ich einfach lernen, dass wir beide auf unsere ganz eigene Art stark sind. Es ist erstaunlich. Ich habe das Gefühl, dass ich meiner Tante den ganzen Tag zuhören könnte. Jedes Wort aus ihrem Munde macht mir Mut und gibt mir Kraft. Sie ist eine ganz bemerkenswerte wunderschöne Frau, und ich fühle mich ihr so verbunden. Sie scheint mir in so vielen Dingen ähnlich zu sein. Am liebsten würde ich ihr ganzes Leben aufsaugen. Es ist wie ein Kunstwerk. Sie scheint ein wenig verschroben zu sein, und das beruhigt mich sehr. Ich habe das Gefühl, dass diese Verschrobenheit gut und interessant ist. Wenn ich dann an mich denke, sehe ich diese Verschrobenheit auch in mir, und was ich früher an mir immer abgelehnt und verteufelt habe, kann ich jetzt annehmen und nicht nur das. Ich empfinde eine sehr große Liebe für meine Tante und bewundere sie. Schon nach zwei Tagen kann ich sagen: Ich verdanke ihr mein Leben. Das werde ich niemals vergessen. Ich bin ihr unendlich dankbar. Sie kann wunderbar erzählen. Schon oft wurde mir gesagt, dass ich immer so viel über mich erzähle und manchmal andere gar nicht zu Wort kommen lasse. Aber bei mir muss das genauso raus wie bei ihr. Wenn sie über die Familie und sich erzählt, ist sie fast nicht zu stoppen. Dies ist wirklich wunderbar. Ich habe das all die Jahre nicht gewusst. Es fühlt sich schön an, dass diese Frau ein Teil von mir ist, und es ist wirklich märchenhaft, dass all diese Lebensintensität, die sie in sich trägt und die wirklich so erstaunlich ist, auch anteilig in mir ist. Sie ist so krank und hat so starke Schmerzen und Schwierigkeiten im Alltag, und dennoch ist sie so stark, wie ich es bisher noch bei keinem anderen Menschen erlebt habe. Ich dachte, dass Nic stark ist. Nic war in meinen Augen immer so stark. Trotz seiner Krankheit und den schlechten Lebensumständen hat er es immer so gedreht, dass er leben konnte und daran nicht zerbrochen ist. Aber er hat mich benutzt, um dies zu erreichen. Ich war in seinem Spiel nur eine Spielfigur, das Püppchen, das ihm das alles ermöglicht. Mit Liebe aber hat das nichts zu tun. Zwar hat er mir zum Beispiel geholfen, meinen Doktor zu machen. Aber ich hätte das auch alleine geschafft. Ich habe diese Stärke in mir. Er hat mich nur dazu angespornt. Und dafür bin ich ihm ja auch dankbar. Aber jetzt möchte ich meinen eigenen Weg gehen.

Beschäftigung mit der Lösung anstatt mit dem Problem!

Ich habe mir Bücher aus der Bibliothek zum Thema Narzissmus ausgeliehen. Im ersten Moment hatte ich das Gefühl, mich informieren zu müssen, verstehen zu wollen, was mit mir passiert ist. Warum habe ich mich selbst in der Beziehung aufgegeben? Warum war ich so schwach, mich nicht für mich und meine Bedürfnisse einzusetzen? Aber meine Tante hat mir einen anderen Weg gezeigt, als sie mich fragte, ob ich mich wirklich damit beschäftigen will und nicht vielleicht lieber damit, wo ich eigentlich hin will. Sie hat recht. Ich war jung, als ich mit Nic zusammenkam. Ich habe diesen schillernden Menschen mit 20 Jahren kennengelernt, als ich noch im Studium war. Er war in meinen Augen Familienvater. Wir haben in ganz anderen Ligen gespielt. Dann hat er mich zu seiner Geliebten auserkoren. Irgendwie war das schmeichelhaft. Danach wollte er mich als seine Schülerin. Er hat mich geformt. Ich war ihm hörig. Er ist 10 Jahre älter, und ich habe seine Handlungen und Meinungen nie angezweifelt. Es erschien mir alles logisch und erstrebenswert. Er hat mich sehr viel gelehrt. Aber er konnte mir nie die Liebe geben, die ich mir immer gewünscht habe. Er hat mir Sicherheit und Halt gegeben. Aber manchmal muss man auch selbst Erfahrungen machen und lernen, diese dann selbst einzuordnen. Sonst wird man eine Marionette, und die war ich. Egal ob traurig, wütend oder glücklich, er hat meine Gefühle gefärbt. An sich ist das nichts Schlimmes. Doch mir ist jetzt aufgefallen, dass er lediglich das Ziel hatte, dass ich sein Leben angenehm gestalten sollte. Das stimmte eine sehr lange Zeit mit meinen Vorstellungen überein. Doch ich bin gewachsen, habe einiges in meinem Leben erlebt und bin Menschen begegnet. Deshalb möchte ich raus und nicht mehr in Nics edelsteinbesetztem Käfig eingesperrt sein. Meine Psychologin hat heute gesagt, dass eine Therapie sehr harte Arbeit ist und man manchmal sehr schwer zu tragen hat. In meiner Vorstellung ist eine Therapie ein Auseinanderbauen eines Gebäudes, eine Materialbeschau und dann ein erneuter Bau. Was ist bis jetzt alles in meinem Leben passiert, das mich zu dem hat werden lassen, der ich jetzt bin? Wer bin ich? Was sind meine Motivationen, Leidenschaften, Stärken und Schwächen, wovor habe ich Angst? Wer möchte ich sein und wer werde ich tatsächlich?

Tut ja gar nicht weh.

29.03.2018

Liebes Tagebuch,

ja, ganz richtig. Ich habe eine Ehe vergeigt. So sollte mein Märchen eigentlich nicht enden. „Sie lebten glücklich bis an ihr Lebensende" sollte nicht zu „und dann irgendwann trennten sie sich und kämpften gegeneinander bis an ihr Lebensende" werden.

Wenn man jemanden liebt, dann sollte man sich jeden Tag unter diesen Menschen stellen und ihn erheben. Das ist vielleicht ein richtiger Gedanke, aber das geliebte Gegenüber muss das ebenfalls tun, damit man auf Augenhöhe ist. Sonst kommt man irgendwann durch das Erheben des anderen am Erdkern an, wenn man Löcher gräbt. In meinen letzten Beziehungen habe ich sehr einseitig gearbeitet. Ich war so weit unten, dass ich fast an der anderen Seite der Erdkugel wieder rausgekommen bin. Aber ich habe sehen dürfen, dass es da draußen Menschen gibt, die einander wirklich lieben.

Da gibt es Menschen, die sich gegenseitig Flügel geben und wachsen lassen, die den anderen nicht trotz,

sondern wegen seiner Fehler lieben. Nach einer Niederlage heißt es, aufstehen und Krone richten, denn:
Die Hoffnung stirbt zuletzt.

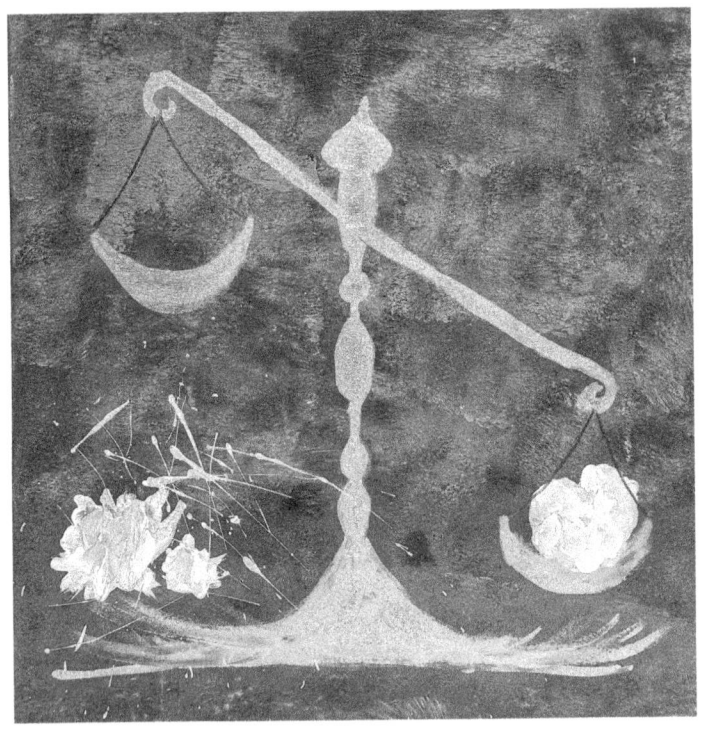

AUS DER LIEBESBALANCE

01.04.2018

Liebes Tagebuch,
heute habe ich gelesen, dass man sich sein Umfeld
gestalten und ein positives Empfinden erzeugen kann.

Man sollte sich drei Dinge, die am Tag schön gewesen sind, notieren und sich auch den Grund dafür überlegen. Man muss das Leben leben und auch Fehler begehen. Denn nur dadurch kann man Erfahrungen machen und wachsen.

03.04.2018

Liebes Tagebuch,

ich bin heute auf eine Version von Dornröschen gestoßen, die ich eins zu eins auf mein Leben übertragen möchte! *„Pass immer gut auf meine Tochter auf", sagte der König zu dem Prinzen. „Lieber Papa", sagte Dornröschen da. „Ich passe von nun an selber auf mich auf!" Und sie lebte glücklich mit dem Prinzen bis ans Ende ihrer Tage.*

Mein Papa hat mich auch immer versucht, zu behüten und zu beschützen. Er hat mir nie viel zugetraut und jedes Unterfangen mit einem Nein beendet. Ich heirate Nic – Nein! Ich schreibe eine Dissertation – Nein! Ich werde jetzt ein Buch schreiben – Nein! Schon ziemlich negativ. Und als ich mit Nic verheiratet war, überkam mich ein Schlaf. Zwar habe ich im Schlaf die großartigsten Kinder der Welt bekommen, aber diese ganze Zeit mit Nic hat mein Wachstum gehemmt. Jetzt aber brauche ich nur zu warten, bis die bestimmte Zeit zu Ende ist (das sind hoffentlich weniger als hundert Jahre!), sich die Dornenhecke öffnet und der Traumprinz von alleine in mein Schloss kommt, um mich zu holen. Und dann werde ich selbst auf mich aufpassen!

Heute habe ich „Schneewittchen" vorgelesen. Das bin ich auch! Ich war etwas überrascht, dass ich ein bisschen Schneewittchen neben meinem Dornröschendasein habe. Denn ich bin auch besonders: Weiß wie

Schnee. Ich bin weiß – mit ein bisschen braun, aber im Vergleich zu einem Schwarzen oder Kakaofarbenen bin ich schon schneeweiß. Ich habe eine schöne Hautfarbe und gerade keine Pickel. Und meine rotgelockten Haare sind ebenfalls etwas Besonders. Zudem stimmt es dann bei der Haarfarbe ja auch mit „rot wie Blut".

Nic wurde eifersüchtig auf mich. Zuerst hat er mir alles beigebracht. Dann fing ich selbst an zu denken, und meine Ideen sind sehr gut, vielleicht auch besser als seine. Er hat versucht, mich durch sein Verhalten nach der Trennung umzubringen und mir mein Herz rauszureißen. Aber ich war wieder schlauer und mein Herz zu stark, als dass man es rausreißen könnte.

Ich habe danach viele tolle Menschen kennengelernt. Menschen wie meine Tante, meinen Schachfreund, mein Über-Ich, meinen LKW-Fahrer, meine Ex-Kollegin, die Bankfrau, die Frau von den Stadtwerken, meine frühere Nachbarin, Mütter aus Lilliths Schule und noch viele andere. Nic, Ben, Streit in meiner Familie, die Arbeit haben mich immer wieder halb umgebracht, aber die Menschen um mich herum haben meine Naivität und Dummheit aufgefangen und mich immer wieder gerettet. Und irgendwann kommt dann der Märchenprinz und lässt mich all das Böse auf der Welt ausspucken und nimmt mich mit in sein Reich.

04.04.2018

Liebes Tagebuch,
Ben hat mich jetzt komplett geblockt. Sicherlich ist das auch gut so. Je mehr ich über Narzissmus lese, desto mehr tun mir diese Menschen leid, und ich habe das

Bedürfnis, ihnen zu helfen. Sie sind eine Gefahr für sich und andere und müssten schnellsten repariert werden, und das könnte man eigentlich am besten, indem man ihre Fassade niederreißt und ihr Selbstvertrauen aufbaut. Aber das kann ich gar nicht. Deshalb sollte ich wohl froh sein, Ben verloren zu haben, ihn mit etwas Schadenseinsicht einfach liegen lassen und weiter auf der Überholspur fahren ... Der ADAC wird sich irgendwann um ihn kümmern und auch um Nic. Warum dreht mir Ben aber das Wort im Munde um und sagt, ich würde aus Angst immer anfangen zu lügen, wenn ich nicht mehr weiter weiß? Das stimmt doch gar nicht. Wieso behauptet er so etwas und wieso kann es mir nicht egal sein? Ich weiß doch, wann ich lüge und auch warum. Leider habe ich auf meinem Reifungsweg viele negative Erfahrungen gemacht, aber ich werde aus ihnen lernen und die nächsten Male genauer hinschauen – oder vielleicht ist das Quatsch? Eigentlich sollte ich mich genauso naiv und blauäugig auf die nächste Beziehung einlassen, denn irgendwann kommt der Richtige, und ich brauche nur zu warten. All das, was vor dem Traumprinzen kommt, ist nur Lernmaterial auf unserem Weg zu innerem Frieden.

12.04.2018

Liebes Tagebuch,

kann man bewusst schizophren werden?

Momentan ist es so, als würde ich zwei Leben leben. Wenn ich ohne Kinder bin, dann bin ich eine etwas egoistische Frau, die alles genießen will, was das Leben zu bieten hat: eine Frau, die das Essen liebt, aber auch das Fasten, die viel Sport macht und es toll findet, Horrorfilme oder „Sex and the City" zu gucken, die intensiv an ihrem Buch schreibt und Zeit hat zu malen, eine Frau, die weibliche und männliche Gesellschaft sehr gern hat, die Sonne und Lachen genießt.

Die andere Hälfte der Woche werde ich eine ganz andere Frau: eine Frau, die zur Schule fährt, die ihre Kinder wahnsinnig liebt, die dafür sorgt, dass sie zur Schule gehen und ihnen zeigt, wie man das Leben genießt und was im Leben wichtig ist, wie man liebt und geliebt wird. Ich nehme dann meine eigenen Bedürfnisse zurück und kümmere mich um meine Kinder. Wenn sie dann schlafen, kümmere ich mich wieder um mich, lese, schreibe oder gehe laufen.

Die sind zwei komplett unterschiedliche Leben. Ist es meine Aufgabe, diese beiden Welten zusammenzubringen? Oder können beide relativ getrennt voneinander existieren? Werde ich dann auch nicht schizophren, wenn ich bewusst zwei Leben lebe? Oder ist das vielleicht auch das Lebenskonzept anderer? Es hilft, bewusst zu leben und alle Möglichkeiten auszunutzen. Ich muss lernen, selbstbewusster zu werden und Entscheidungen zu treffen und mich mehr zu akzeptieren, egal welche Konsequenzen folgen. Die Liebe, die ich für andere empfinde, muss ich lernen, auch für mich selbst zu empfinden, und dann kann ich selbstbewusster und selbstzufriedener leben und mich als wertvoll erachten. Momentan sehe ich mich selbst nicht als sehr wertvoll an.

Aber ich schaffe das!

ICH UND MEIN NEUGEBORENEN-ICH

Liebes Tagebuch,

ich habe heute etwas erfahren, was wirklich unglaublich ist. Auf Facebook fiel mir ein Artikel der Selbsthilfegruppe für Opfer von Narzissten ins Auge, der über Empathen berichtet. Ich habe vorher noch nie davon gehört, dass es Empathen gibt – natürlich von Empathie, aber nicht von Empathen als Personengruppe. Aus dem Bericht (https://bewusst-vegan-froh.de/30-eigenschaften-eines-empathen-so-erkennst-du-dass-du-ein-empath-bist/):

Was ist ein Empath?

Wenn du ein Empath bist, wirst du von den Energien der anderen beeinträchtigt und du hast eine angeborene Fähigkeit, dich in andere hineinzufühlen und sie zu erkennen. Dein Leben wird von anderen Menschen unbewusst beeinflusst durch ihr Verlangen, ihre Wünsche und Gedanken und ihrer Laune. Ein Empath zu sein, bedeutet mehr als hochsensibel zu sein, und es sind nicht nur die Emotionen, die du wahrnimmst. Empathen nehmen auch körperliche Empfindlichkeiten (meine Tante fühlt sowohl die körperlichen Schmerzen als auch die Ängste und Sorgen ihr völlig unbekannter Menschen) *und den spirituellen Drang bei anderen wahr, ebenso wissen sie die Emotionen und Absichten der anderen* (meine Tante hat zum Beispiel auch in der Bahn ganz genau gespürt, dass sie neben einem Mörder steht. Sie wusste es ganz genau, dass er in seinem Leben jemanden umgebracht hat. Aber was hätte sie sagen sollen? Um Hilfe schreien? Sie hätte ihm ja gar nichts nachweisen können).

Entweder du bist ein Empath oder nicht. Diese Eigenschaften sind nicht angelernt. Du bist sozusagen immer offen und durchlebst die Gefühle und Energien der anderen. Viele Empathen durchleben chronische Erschöpfung, Umweltempfindlichkeit oder unerklärbaren täglichen Schmerz und Leid. Das sind alles Erscheinungen, die von außen kommen und nicht unbedingt von einem selbst. Im Grunde gehst du durchs Leben mit dem angesammelten Karma, den Energien und Emotionen der anderen.

Empathen sind oftmals ruhige Macher. (Meine Tante ist im Alter zufrieden und ruhig geworden durch das Akzeptieren ihrer Person. Sie nimmt zur Kenntnis, aber verurteilt nicht.) *Sie brauchen eine Weile, um Komplimente zu händeln, denn sie sind eher darauf bedacht, des anderen positive Eigenschaften herauszufinden. Sie sind hoch ausdrucksstark in allen Bereichen der emotionalen Verbindungen und sprechen offen, manchmal zu offen, alles aus.* Ich habe so oft Wortdurchfall. Die Worte sprudeln einfach so aus mir heraus: die Bankangestellte, der ich von Nic erzähle, die Mutter von Lilliths Freundin, die hinterher verbietet, dass ihre Tochter dort bei Nic mit Lillith spielt, die Nachbarin von Ben ...

Sie können Schwierigkeiten haben, über ihre Probleme zu sprechen. Ich habe das in keiner Weise. Aber andere Menschen, die ich für hochsensibel halte, können nicht so leicht über ihre Probleme sprechen – und das, obwohl ich diesen Menschen eine wahnsinnig hohe soziale Intelligenz zuspreche.

Manche Empathen erscheinen als ignorant, weil sie ihre eigenen Gefühle zurückhalten. Ich bin auch schon des Öfteren als arrogant betitelt worden, bevor man mich kennengelernt hat. Aber in Wirklichkeit kann ich so schwer andere Menschen aus meinem Herzen ausschließen, weil ich nicht möchte, dass jemand schlecht über mich denkt und es ihm wegen mir schlecht geht.

Empathen haben die Tendenz mehr außerhalb von sich wahrzunehmen, anstatt das, was innerhalb von ihnen ist. Das könnte bewirken, dass Empathen ihre eigenen Bedürfnisse ignorieren. Gewöhnlich sind Empathen nicht gewalttätig und aggressiv, eher sind sie Friedenstifter. Jeder disharmonische Bereich lässt ein unwohles Gefühl bei ihnen entstehen. Wenn sie sich inmitten einer Konfrontation wiederfinden, werden sie bemüht sein, die Situation so schnell wie möglich zu klären. Wenn sie harte Worte benutzen, um sich selbst zu verteidigen, wird sie der Mangel an Selbstbeherrschung wahrscheinlich sehr ärgern, und sie ziehen es vor, das Problem schnell zu bereinigen. Ich habe keine Geduld. Aussitzen liegt mir nicht. Aufgrund dieses Gefühls hat Ben mich auch als Stalkerin bezeichnet. Es ist ein Gefühl, als müsse ich den anderen schütteln, damit er mich versteht. Die Situation soll friedlich geklärt werden und für dieses Ziel tue ich alles. Dadurch habe ich viele Probleme mit Nic nicht ausgefochten. Was mir wohl dazu verholfen hat, dass mich Nic nicht noch mehr angegangen ist.

Empathen können die Gefühle anderer aufgreifen und sie zurückprojizieren, was für den einen oder anderen sicherlich nicht sehr angenehm ist. Nicht alle Menschen möchten sich mit ihren Gefühlen beschäftigen. Dazu kommt, dass der Empath zwischen seinen eigenen Gefühlen und denen der anderen unterscheiden lernen muss. Oftmals bin ich auch so emotional gefärbt und weiß gar nicht genau warum. Und wenn ich dann darüber nachdenke, fällt mir manchmal auf, dass ich z. B. lange Zeit mit einer sehr traurigen Person gesprochen habe. Keine Ahnung, woher diese Gabe kommt.

Mein Vater war und ist Narzisst. Aber ich habe genug Liebe durch meine Mutter bekommen. Hoffentlich finde ich hierzu noch mehr durch meine Tante oder meine Therapeutin über mich heraus. Ich habe immer nach der Anerkennung meines Vaters gelechzt. Aber ist das ein Grund, sich selbst klein zu machen?

Es ist nicht gut, wenn man seine eigenen Gefühle zurückhält. Das gilt für positive sowie für negative. Das Bedürfnis, sich ehrlich auszudrücken, ist eine Art der Heilung und eine Wahl, sich öffnen zu wollen. Wenn dies nicht geschieht, kann es in einem Zusammenbruch enden und zu einer mentalen/emotionalen Instabilität führen oder zu einer psychischen Erkrankung. Heute hat sich mein LKW-Freund zum ersten Mal geöffnet und alles rausgelassen, alle aufgestauten und unterdrückten Emotionen: die Wut darüber, dass sich seine Frau so verändert hat; die Trauer über die Erkenntnis, dass die Liebe abhanden gekommen und man irgendwie allein ist; der unbändige Wunsch, geliebt zu werden. Suchen wir nicht irgendwie alle danach?

Empathen können auch emotional durch Fernsehen, Filme, Nachrichten oder Kunst gerührt werden. Dies kann sogar körperliche Schmerzen hervorrufen. Mein Lieblingsmärchen ist „Das Mädchen mit den Schwefelhölzern" von Hans Christian Andersen. Jedes Mal, wenn es mir vorgelesen wurde oder ich es später selbst gelesen habe, musste ich weinen. Es hat mich schon immer so berührt, dass ich vor Trauer und Freude weinen musste.

Einige Empathen haben Probleme damit, sich auszudrücken, und Schwierigkeiten im Kontakt mit Menschen, die weniger empathisch auftreten. Ihr Helfersyndrom treibt sie manchmal sogar in die Arme von narzisstischen Menschen, die sie nach ihren Bedürfnissen formen wollen. Aber dabei sehe ich, dass auch diese Menschen leiden, sogar wenn sie versuchen, ihre eigentlichen Ängste hinter Mauern zu verbergen, wie zum Beispiel Nic oder Ben.

Empathen können die besten Geschichtenerzähler sein, wegen ihrer endlosen Fantasie, ihrem wissbegierigen Geist und sich immer mehr ausdehnenden Wissen. Sie können sehr romantisch sein und sehr sanft. Sie können auch die Bewahrer von altem Wissen und der Familien-Geschichte sein. Die Geschichten meiner Tante sind wie ein Lebenselexier für mich. Sie erzählt so schön, wie die Familie gelebt hat, was alles passiert ist und welche Charakterzüge die einzelnen Familienmitglieder haben.

Empathen sind sehr empfänglich für Musik. Ich werde ab jetzt in der Bücherei Musik hören und herausfinden, welchen Geschmack ich habe, und mehr darauf achten, welche Art von Musik ich gerade hören möchte. Ich liebe es, Musik zu hören und dabei zu schreiben. Es ist, als ob meine Seele mit der Melodie mitschwingt und die Worte in der Stimmung der jeweiligen Musik herausschwemmt. So hab ich manchmal das Gefühl, dass ganz glückliche, hüpfende Worte aus mir sprudeln, aber auch ernste oder traurige. Ich liebe Lindsey Stirling. Wenn ich dem Text nicht lausche, dann kann ich schneller schreiben, aber manchmal berühren mich Worte oder ganze Texte und manchmal auch nur der Refrain, so dass ich dann das Gefühl habe, intensiver zu schreiben.

Texte können bei mir alle möglichen Gefühle hervorrufen, nicht nur negative: Zorn, Ansporn, Trauer,

Eifersucht, aber auch ganz großes Mitleid oder grenzenlose Liebe.

Sie können sich genauso über ihre Körpersprache ausdrücken wie mit Worten, Gedanken und Gefühlen. Ihre Kreativität drücken sie oft in Tanz, Schauspielerei oder körperlicher Aktivität aus. Empathen können eine unglaubliche Menge an Energien projizieren und/oder Emotionen freigeben. Früher war es die Schauspielerei und das Improspielen. Ich selbst fand mich nie besonders gut in der Improvisation, aber merkwürdigerweise wollte mich die Improgruppe in ihrer Truppe haben, und die Improspieler hatten mich immer gern um sich. Jetzt kann ich beim Laufen ein Einswerden erreichen. Ganz besonders dann, wenn es draußen kalt ist und ich das Einatmen bis in den Bauch spüre, den ich so verabscheue. Ich sollte versuchen, ihn zu lieben:

Lieber Bauch,

es tut mir unendlich leid, dass ich nicht positiv für dich empfinde. Ich schäme mich sehr für dich. Ich habe auch immer das Gefühl, alle Menschen starren dich an und ekeln sich vor dir, so wie Ben, als er sagte, dass du ein Fettlappen seist. Keine Ahnung ob alle Menschen so denken oder Ben mich nur verletzen wollte. Es ist, als gehörst du nicht dazu. Meine Brüste, meine Schultern und sogar meine Oberschenkel, wegen denen ich so oft geweint habe, akzeptiere und liebe ich mehr als dich. All meine Bemühungen, abzunehmen oder meine Muskeln zu stärken, lässt du einfach unbeachtet und schwabbelst da so vor dich hin. Ich möchte dich immer am liebsten wegschnüren und verstecken. Damals bei meinem Selbstversuch im Schwimmbad mit Bikini habe ich nicht an Selbstbewusstsein gewonnen. Dabei habe ich dir so viel zu verdanken. Du hast unter dir meine großen und schweren Kinder getragen und zweimal Diabetes der Extraklasse durchgemacht. Du bist meine Mitte und hast durchgehalten, als ich den Bandscheibenvorfall hatte und dachte, ich müsse vor Schmerz zergehen. Was kann ich tun, um dich zu akzeptieren?

Sogar komplett fremde Menschen reden mit Empathen über sehr persönliche Dinge und bevor sie es merken, haben sie ihr Herz und ihre Seele ausgeschüttet, ohne es bewusst getan zu haben. Auf unbewusster Ebene merken die Menschen, dass Empathen mit einem mitfühlenden Verständnis zuhören. So wie der Bäcker, der mir ständig seine Probleme erzählt. Und er wollte mir auch noch seinen Cousin aufhalsen, weil es ihm so schlecht geht. „Aber lange Rede, gar kein Sinn" (das hat er bestimmt 50-mal gesagt ...).

Hier sind die Zuhörer des Lebens. In den unmöglichsten Momenten können sie aufgeschlossen sein, übersprudeln, humorvoll und begeistert sein! Auf der anderen Seite können sie sehr stimmungsschwankend sein. Wie meine Mama immer sagte, dass ich oft himmelhochjauchzend von der Schule kam und dann zu Tode betrübt in die Hofeinfahrt einbog.

Außerdem haben Empathen einen gesteigerten Gerechtigkeitssinn: Heute meldet sich Ben und will mir eine Tasche zurückgeben. Ich weiß nicht, was drin ist, und er beschimpft mich schon wieder. Warum? Ich möchte, dass es ihm gut geht. Ich freue mich, wenn er erkannt hat, dass wir nicht zusammenpassen. Aber warum muss er dann sagen, dass ich eine lügende Schlampe bin, die nur an sich selbst denkt? Wenn er mit mir zusammen geblieben wäre, dann hätte er wieder mit dem Trinken angefangen. Ich bin dann doch nur Mittel zum Zweck. Er ist doch so schwach. Ich kann doch kein Grund fürs Trinken sein. Er ist doch auch kein Grund für irgendetwas in meinem Leben – oder? Deshalb sollte ich mal aufhören zu denken, dass er recht hat und ich so schlecht bin.

Und auch mit Nic läuft das nicht richtig. Auch wenn ich viele Fehler in meiner Ehe gemacht habe, dann muss man nach der Trennung nicht so böse sein, wie er es ist.

Ich bin so viel wert, dass ich mich nicht kleinmachen muss. Es ist alles richtig gelaufen, wie es gelaufen ist. Wenn ich in erster Instanz das Aufenthaltsbestimmungsrecht bekommen hätte, dann wäre mir bestimmt etwas ganz Schlimmes passiert und ich hätte ein noch schlechteres Verhältnis zu Nic.

Aber ich darf aufstehen, wenn ich ungerecht behandelt werde!

Lieber Ben,

ich habe dir so viele Möglichkeiten gegeben, mein Herz zu nehmen und vorsichtig in deinen Armen zu schaukeln. Ich wollte dich glücklich machen und mit dir eine Familie aufbauen. Deine Mauer ist zu hoch für mich. Ich habe wirklich mit all den mir möglichen Mitteln versucht, diese zu erklimmen, doch ich bin erschöpft und merke, dass ich daran kaputtgehe. Bald glaube ich selbst noch daran, was du mir einredest. Aber ich bin blind für deine Kränkungen geworden. Ich bin lethargisch und liege am Boden. Du hast immer gesagt, dass ich, wenn ich in einen Teich springe, schon laut schreie, bevor ich im Teich gelandet bin. Und das stimmt auch. Ja ich schreie, und das hilft mir durchzuhalten. Heute

habe ich gemerkt, wie langsam eine Attacke hochkam.
Ich habe mich dann an meinen LKW-Freund gewen-
det, und er hat mir geholfen. Obwohl er eigentlich
schlafen musste, hat er mit mir geatmet und mich wieder runtergeholt. Ich liebe ihn wirklich sehr dafür.

ICH

Die Krankheit Hassliebe

Symptome:

Wenn Sie an Hassliebe erkrankt sind, kann sich in völlig normalen stressfreien und liebevollen Situationen plötzlich starkes Herzrasen einstellen. Bei manchen Probanden trat vermehrte Muskelaktivität auf, welche oftmals mit unkontrolliertem Zucken einherging. Die an Hassliebe Erkrankten zeigen Wutgefühle im Bauch, die zu gelegentlichem Sichtausfall bis hin zur Blindheit führen können. Häufig laufen diese Menschen dann vor die Wand oder versuchen sogar, sie mit ihrem Kopf zum Einsturz zu bringen. Des Weiteren kommt es oft auch zu Wortgonorrhoe, im allgemeinen Sprachgebrauch auch Wortdurchfall oder unkontrolliertes Messerwerfen genannt. Dabei können besonders stark betroffene Menschen mit diesen Messern auch unbeteiligte Vorbeilaufende verletzen. In der Vergangenheit kam es sogar vermehrt zu Herzbrüchen.

Die Krankheit setzt Teile des Hirns aus, so dass diese Menschen bewusst unbewusst verletzen. Ein sechster Sinn ermöglicht es den Erkrankten, Schwachstellen und wunde Punkte der hassgeliebten Person genau zu erfassen und dieser somit ohne Narkose das Herz herauszureißen.

Zuweilen zeigt sich bei den Erkrankten ein über die Maßen stark entwickeltes Bedürfnis, sich als Mittelpunkt der Welt zu sehen und andere Menschen schlecht zu machen. Dazu zählen neben dem hassgeliebten Partner auch wildfremde Menschen.

Umgang mit an Hassliebe erkrankten Personen:

Damit ihr eigenes Herz keinen Schaden nimmt und da zudem Ansteckungsgefahr besteht, sollten Sie den Umgang mit Menschen, die an Hassliebe erkrankt sind, möglichst meiden.

Weil dies nicht immer möglich ist, hier ein paar Tipps für den Umgang mit betroffenen Personen:

Sie sollten sich einen sehr guten Schutzschild zulegen, denn dieser Schild muss einiges aushalten: Beleidigungen, Ungerechtigkeiten, böse Dinge in Wort und Tat und ein so erkaltetes Herz, dass Ihr eigenes Herz leicht erfrieren kann. Wenn Sie nach Erstkontakt mit einer an Hassliebe erkrankten Person noch dazu in der Lage sind, laufen Sie so schnell und so weit Sie nur können!

14.04.2018

Liebes Tagebuch,

heute Morgen hat Lilliths 8-jährige Freundin gesagt, dass sie selbst zu dick sei. Sie meint, dass sie nicht sexy sei und dass sie nun abnehmen will. Sie wolle auch gern nur ein trockenes Brötchen essen, damit sie nicht zunimmt. Als sie dann aber Lilliths Schokoladenpops gesehen hat, wollte sie diese auch gerne essen. Sie hat eine riesige Riesenportion verschlungen, und als ich abräumte und sie fragte, ob sie auch noch die restlichen fünf Pops essen wolle, meinte sie, dass es auch Teil ihrer Diät sei, einfach nie alles aufzuessen. Sie ist ein Mädchen, das sich sehr schnell beeinflussen lässt. Wenn ich Lillith von der Schule abhole, dann macht diese Freundin meist ein miesepetriges Gesicht, weil sie wieder aufgrund eines Streits mit Freundinnen gebrochen und Freundschaften beendet hat. Ihr Herz zeigt bereits sehr viele Narben, und mit ihrem Diätverhalten ist sie Produkt ihrer Umwelt und schon in so jungen Jahren belastet. Ich habe ihr von meiner Jugendfreundin erzählt, die immer Süßigkeiten essen konnte, so wie ich Brot. Aber sie war immer schlank und ich schon immer stämmig. Nun hat sie auch mit dem Gewicht zu kämpfen. Und warum? Weil sie versucht hat, ihrem Körper etwas vorzumachen, und Antidepressiva genommen hat.

Ich habe schon so oft gehört, dass Antidepressiva abhängig machen oder dass man davon sehr zunimmt. Es gibt einfach Zeiten, da darf man traurig sein. Und es gibt auch Zeiten, da kann man manchmal nicht aus dem Bett aufstehen. Manchmal fühlt man sich allein und vielleicht fehlt einem die Luft zum Atmen. Aber irgendwann wird es wieder besser.

Außerdem habe ich Lilliths Freundin erzählt, dass es Models gibt, die mit ihrer angeblichen Schönheit viel Geld verdienen. Aber sie solle einmal genau hinzuschauen: Viele Models haben ein hässliches Herz und dadurch werden sie hässlich und sind überhaupt nicht mehr schön. Fotografen können eine Person ins rechte Licht rücken oder sie durch Fotobearbeitungsprogramme so aussehen lassen, dass die breite Masse sie als schön erachtet. Aber das ist nicht wirklich schön. Ich habe letztens ein Buch einer Frau in der Hand gehabt, die sich mit ihrem Speckbauch hat fotografieren lassen. Sie sah wunderschön aus. Der Fotograf hatte es geschafft, ihr Herz aufzunehmen. Man sollte immer das tun, was einem guttut. Das ist der richtige Weg. Man muss nur sich selbst lieben.

Wenn du den richtigen Weg gehst, dann flutscht es. Das Leben ist ein großes Abenteuer.

Natürlich gibt es schlimme Situationen, aber in solchen Momenten muss man einfach versuchen, ruhig zu bleiben.

17.04.2018

Liebes Tagebuch,
mein Anwalt ist auch ein Empath. Er arbeitet mit sehr
unempathischen Frauen zusammen, sagt aber, dass er

versucht, durch seine Arbeit das Verhalten seiner unempathischen Mitarbeiterinnen wiedergutzumachen. Er meinte, dass ihn meine Naivität und meine Ehrlichkeit berührt haben, und er hilft mir, weil er weiß, dass ich mit meinen Finanzen so „naiv" ehrlich bin. Er weiß auch, wie unehrlich andere Menschen sind und dass sie sich nur so hilflos darstellen. Mir zeigt dies, dass es viele Vorteile hat, Empath zu sein. Als Empath kann man im Leben viel mehr erreichen. Mein Anwältchen möchte auch ein Buch schreiben und zeigen, dass es Frauen sehr schwerfällt, ihre Männer zu verlassen. Außerdem herrsche in einer Ehe immer eine Form der Manipulation. Ich habe ihm gesagt, dass in meiner Ehe Empath und Narzisst eine sehr komplizierte Symbiose eingegangen sind. Beide sind sehr empfindsam. Doch der Narzisst stellt ausschließlich seine eigenen Interessen in den Vordergrund und der Empath „opfert" sich für andere Menschen regelrecht auf und versucht, deren Bedürfnisse zu befriedigen, was natürlich fatal ist, wenn der Narzisst nur sich sieht und den Empathen für sich und seine Zwecke benutzt. Deshalb klingt Nics Satz immer noch so heftig in mir nach, und es ist schwer, ihn zu verdrängen:

„Du bist das, was ich aus dir gemacht habe."

Ich bin gestern mit der Absicht zur Psychologin gegangen, mehr über Nic herauszufinden und Informationen über Narzissmus und Durchdrehen zu bekommen. Meine Psychologin meinte, dass ich versuche, sie zu manipulieren und auf meine Seite zu ziehen. Das mache ihre Arbeit schwer. Sie hat dann für mich gespiegelt, indem sie versucht hat, sich in mich hineinzuversetzen, dass ich keine Schuld an der momentanen schwierigen Situation habe. Keiner hat Schuld bei einer Trennung. Die Situation ist okay, so wie sie ist.

Außerdem bin ich okay, so wie ich bin, und brauche keine Psychopillen, die meine Emotionen auf die kognitive Ebene holen. Ich muss lernen, mich so anzunehmen, wie ich bin, und mit diesen starken Emotionen zu leben.

MEIN LEBEN HEUTE

19.04.2018

Ich sitze im Auto und möchte gleich losfahren. Nur noch kurz die Mails checken und dann die Welt retten. Da spielt sich vor meinem Auto eine wirklich kuriose Bildergeschichte ab. Eine ältere Frau mit Hut reckt ihre Arme und wirft sie gen Himmel, sie läuft hin und her, und auch wenn ich sie nicht hören kann, weiß ich, dass ihre Verzweiflungsrufe einen nahenden Zusammenbruch ankündigen. Es tut richtig weh, ihr bei ihrem Verzweiflungstanz zuzusehen, und ich muss aussteigen und sie fragen, was passiert ist und ob ich helfen kann. „Mein Auto ist gestohlen worden. Hier sehen Sie. Den Schlüssel des Autos habe ich hier in der Hand, aber mein Auto, das ich neben ihrem geparkt habe, ist verschwunden." Es sei ein rotes Auto ... Es stand neben dem meinigen und wurde gestohlen.

Mein Auto ist auch rot! Ist eine Wiederholungstat zu fürchten? Ängstlich schaue ich mich um. Vielleicht sind die Täter noch in der Nähe und überwältigen uns gleich, um auch mein Auto zu stehlen. Schnell wählen wir 110, und obwohl ich einen Doktortitel habe, muss ich gestehen, dass ich keine Ahnung habe, wie das mit der 110 funktioniert. Meine arme bestohlene und verzweifelte ältere Dame versucht, der Polizistin zu erklären, wo wir uns befinden. Sie reicht sie an mich weiter, und da kommt mir der Gedankenblitz zu erwähnen, in welcher Stadt beziehungsweise in welchem kriminellen Dorf wir uns befinden. Bange Minuten verrinnen. Zeit, die wir verlieren, um die Diebe zu stellen, und in der die Entfernung zwischen dem Bösen, dem roten Auto und uns immer größer zu werden droht. Wir fühlen uns nicht wohl in unserer Haut. Es ist, als ob uns jemand tausend Nadelstiche zufügt. Tick, tick, tick ...

Meine verzweifelte ältere Dame erklärt mir, warum sie ihren roten Wagen und nicht meinen genommen haben. Tick, tick, tick ...

Dass meine verzweifelte Dame nur ein Auge hat, 85 Jahre alt ist und keine Familie mehr hat, soll nicht erwähnt werden. Und auch nicht, dass sie letztes Jahr gestürzt ist und eigentlich nur noch mit Rollator gehen sollte. Aber sie hat ihrem Arzt gesagt, dass er doch selber mit dem Scheißding laufen soll. Tick, Tick, tick ...

Den Wagen hat ihr ihr inzwischen verstorbener Mann in einem Akt der Liebe gekauft, um sie vor seinem Tod versorgt und mobil zu wissen. Es ist ein wertvoller Schatz, und außerdem hat dieser Wagen noch ein Geheimnis: Alle Menschen, die den Kofferraum öffnen, bekommen ein ganz besonderes Geschenk. Etwas, das sie besonders gut gebrauchen können oder sich wünschen.

Plötzlich hält ein Wagen neben uns. Ich bekomme Angst. Die Verbrecher?

„Das Auto steht an der Bank", und bevor wir merken, wie uns geschieht, ist der mysteriöse Mann auch schon wieder im Nebel verschwunden. Wir hasten zur Bank und tatsächlich: Der Wagen ist wieder da.

Wir sind fassungslos und haben keine Erklärung für das alles.

Aber aus Dank für meine mutige Hilfe darf ich den Kofferraum öffnen und darin liegt ein Teil des Herzens meiner nunmehr zum Glück nicht mehr verzweifelten älteren Dame.

23.04.2018

Liebes Tagebuch,
ich sitze vor dem Kamin und höre Musik. Das ist wie Streicheln der Seele. Heute habe ich lange über die Rolle der Frau in der heutigen Zeit nachgedacht. Da sind mir wieder die ganzen Gedanken entgegen-gepurzelt.

Ich frage mich oft, warum Frauen in der heutigen Gesellschaft immer noch einen so geringen Stellenwert haben. Haben wir aufgehört zu kämpfen? Wieso dürfen oder können die Nics oder Bens dieser Welt mich so benutzen? Ich glaube, ich kenne die Antwort. Aber sie gefällt mir nicht:

Weil sie es können.

Meine Tante hat erzählt, dass Charlotte Roche mit ihrem Werk „Feuchtgebiete" wirklich etwas losgetreten hat. Ich habe damals das Buch gelesen und war wirklich amüsiert über den Ekel, den sie durch ihre Übertreibungen bei mir hervorgerufen hat. Es kam mir beim Lesen auch nie nur der leiseste Gedanke, dass ihr Werk eine Eins-zu-eins-Beschreibung ihres Lebens und ihrer Person sein könnte. In vielen Situationen hab ich mir schon vorstellen können, dass ihre Person in der Protagonistin hervorblitzt, aber sie hat sicherlich ganz gezielt überzogen, damit das Rollenbild der Frau, das immer noch vorherrschend (allein dieses Wort ist schon sehr bezeichnend!) ist, einmal ein bisschen aufs Korn genommen und vielleicht etwas hinterfragt wird. Ich denke, der Trick an der ganzen Sache ist, dass man sich selbst lieben und akzeptieren lernt. Mal sehen, ob ich das in diesem Leben noch schaffe ... Aber ich schweife ab. Es ging um die Rolle der Frau und Charlotte Roche, die in meinen Augen ein Kunstwerk dieser Zeit geschaffen hat und die Rolle der Frau in den Fokus stellt. Ich würde mich wirklich wahnsinnig gern mal mit dieser Frau unterhalten. Denn mir ist jetzt zu Ohren gekommen, dass sie nicht gefeiert wurde, wie ich es erwartet hätte. Denn was macht die feine Männerwelt? Angeblich soll der Autorin auf offener Straße in den

Schritt gefasst und danach noch behauptet worden sein, dass sie dies ja wolle und durch ihr Werk der Männerwelt kundgetan hätte. Ja genau, sie hat sich nicht getraut, öffentlich zu sagen, dass sie so gerne sexuell belästigt werden möchte und darauf steht, auch ab und zu vergewaltigt zu werden. Und deshalb hat sie ein Buch geschrieben, damit Männer das lesen und ihren Fantasien nachkommen.

29.04.2018

Liebes Tagebuch,

es ist wirklich verrückt. Aus dem Nichts heraus erzählt Mimi, dass sie schon zweimal zu einem Seminar über Hochsensible gegangen ist und sie selbst auch hochsensibel sei und daran fast kaputtgegangen ist. Danach spricht mein Anwalt plötzlich darüber, dass er Stimmungen von Menschen, die sich mit ihm in einem Raum befinden, aufnehmen kann und dass er immer bestrebt ist, die Empathielosigkeit seiner Mitarbeiterinnen aufzufangen und wieder gutzumachen. Und heute sitzen wir mit der Mutter von Lilliths Schulfreundin zusammen und planen den Bastelnachmittag der Klasse, und sie erzählt mir, dass sie lange Zeit mit psychosomatischen Symptomen zu kämpfen hatte, bis ihre Kinesiologin ihr erklärt habe, dass sie hochsensibel sei und auch ihre Tochter diese Gabe habe.

Woher kommt das? Gibt es Menschen (in meinen Augen die wahren Christen), die durch ihre Art, Liebe in der Welt zu verbreiten, sich vielleicht wie Magneten im Leben anziehen, sobald sie ihre Fähigkeiten erkannt haben? Ich muss unbedingt mehr darüber herausfinden.

MEIN FREUND, DER BAUM

So steht in Mattheus 19:14: *Aber Jesus sprach: Lasset die Kindlein zu mir kommen und wehret ihnen nicht, denn solcher ist das Reich Gottes.*

Also steht dort, dass der Himmel beseelt ist durch Kinderherzen.

Ich habe mal gelesen, dass es einen glücklich machen soll, wenn man bestimmte Tugenden verinnerlicht: *Demut* (Dankbarkeit, Bescheidenheit, Mäßigung, Höflichkeit), *Erbarmen* (Barmherzigkeit, Verzeihung, Vergebung), *Ehrlichkeit* (Aufrichtigkeit, Integrität, Wahrhaftigkeit, Loyalität, Verbindlichkeit, Verantwortung), *Gerechtigkeit* (Großzügigkeit, Mut), *Entschlossenheit* (Zielstrebigkeit, Selbstbehauptung, Selbstdisziplin, Selbstvertrauen), *Fleiß* (Eifer, Einsatz, Enthusiasmus, Zuverlässigkeit), *Sauberkeit* (Ordnung, Organisationsvermögen), *Geduld* (Durchhaltevermögen), *Einigkeit* (Zusammenarbeit), *Freundlichkeit* (Freude, Kreativität), *Sanftmut* (Friedlichkeit, Abstand, Behutsamkeit, Flexibilität), *Toleranz* (Respekt, Rücksichtnahme, Verstehen), *Liebe* (Liebenswürdigkeit, Fürsorglichkeit, Hilfsbereitschaft, Idealismus, Mitgefühl, Taktgefühl, Vertrauen).

Ich denke, dass diese Tugenden in der Kindheit in uns stecken und sie mit den Erfahrungen in dieser Welt immer mehr abhandenkommen. Vielleicht geben Eltern ihren Kindern sogar schon im Mutterleib diese Tugenden weiter.

So erzählte meine Tante, dass sie schon seit frühester Kindheit Märsche weitersummen konnte, obwohl sie diese nie zuvor gehört habe. Später fand sie heraus, dass ihre Mutter in der Schwangerschaft immer Märsche gesummt hatte. Außerdem begleitete sie in ihren Träumen sehr oft der Gedanke zu verhungern und sie wusste ganz genau, wie sich dies anfühlt, obwohl sie noch nie in ihrem Leben Hunger leiden musste. Es stellte sich heraus, dass eine unserer Vorfahrinnen verhungert war.

Was ist dann also mit den Tugenden? Ich denke, dass wir Erwachsenen diese an unsere Kinder und Kindeskinder weitergeben. So ist zum Beispiel auffällig, dass Mimi und auch Kaja (die Mutter von Lilliths Freundin) hochsensibel sind, sehr oft darunter leiden oder litten und kurz davor waren, an dieser Gabe (oder diesem Fluch) kaputtzugehen. Und beide haben jeweils ein Kind, das Verhaltensauffälligkeiten zeigt. Lilliths Freundin hat sehr große Selbstbewusstseinsschwierigkeiten. Aber da habe ich noch nicht herausgefunden, woher das vielleicht kommen könnte. Ich weiß nur, dass sich die Mutter wirklich sehr aufopfert und Probleme hat, sich abzugrenzen.

Doch wie kann man die Hochsensibilität positiv nutzen?

30.04.2018

Liebes Tagebuch,
gestern habe ich tolle Momente erfahren dürfen. Es hat den ganzen Tag wie aus Eimern gegossen. Wir haben schön zusammen gefrühstückt und anschließend gemeinsam einen Film gesehen. Ich bin dabei eingeschlafen, die Kinder nicht. Danach hat Carlotta geschlafen, ich habe gelesen, und Lillith hat mit Oma gespielt. Ich finde langsam zur Ruhe. Das ist ein sehr schönes Gefühl.

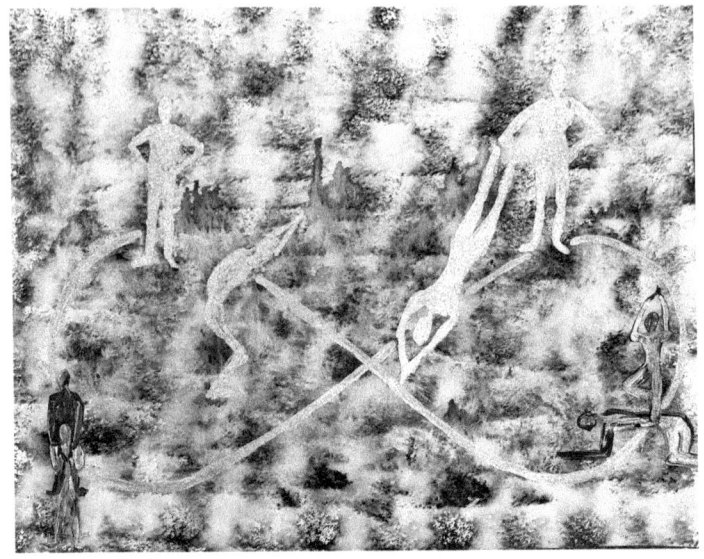

DIE UNENDLICHKEIT DER LIEBE

Ich habe erkannt, dass ich romantikkrank bin. Ich nenne diese neu von mir erfundene Krankheit jetzt so, weil mir im Moment kein anderes Wort einfällt. Ich habe das Gefühl, das ganze Leben ist ein Märchen, und egal wie viele Hexen, Zwerge und böse Menschen hier herumlaufen, man kann als Protagonist ganz groß und glücklich in seinem Leben werden. Ich denke, dass man dies erreichen kann, indem man in andere Menschen verliebt ist. Die mitunter schwerste Sache ist wohl, seinen Feind zu lieben. Der Gedanke fällt mir gerade unglaublich schwer, aber vielleicht ist es richtig, auch Menschen wie Nic zu lieben, die mir Steine in meinen Weg legen, oder wie Ben, der so gemeine Dinge zu mir sagt und mich verletzt. Nic hat mich geliebt und mich durch seine Liebe groß werden lassen, weil er schon sehr groß war. Bin ich jetzt auf einem höheren Level als er und habe mich über ihn gestellt? Da er ein sehr eitler Mensch ist, kann er es nicht haben, dass ich ihm nun ebenbürtig bin, auch nicht, dass ich intensiver oder stärker liebe als er selbst. Er musste ja auch immer lernen zu kämpfen. Aber es geht gar nicht ums Kämpfen.

Es geht hier auf der Welt darum, zu lieben und anderen zu helfen. Durch das Glück, das du anderen bereitest, wird dir selbst Liebe zuteilwerden und du wirst glücklich. Glück ist es, die Schönheit des Lebens zu spüren, neugierig das Leben aufzusaugen und Liebe zu empfinden und zu geben.

Wenn man jemanden liebt, dann kann man ihn doch nicht verletzen, oder? Verletzen mich dann Menschen unabsichtlich? Ich könnte es nicht ertragen, dass ich jemandem wehtue. Wenn ich mir vorstelle, dass ich der Grund dafür bin, dass ein anderer Mensch leiden muss, dann zerreißt es mir schier das Herz. Vielleicht gibt es da draußen jemand, der noch größer ist als Nic und der mich liebt, so wie ich bin, und mich noch größer machen kann und mich noch mehr Liebe fühlen lässt. Ich möchte lieben und geliebt werden. Ich habe noch Hoffnung. Vielleicht bin ich nicht krank. Vielleicht sind diese Gedanken und Gefühle in mir Liebe. Jeder Mensch wird mit Liebe angefüllt geboren. Alle Kinder sind voller Liebe. Auch wenn die Menschen nicht alle in derselben Stärke fähig sind, Liebe zu empfinden und zu geben.

Vielleicht ist es meine Aufgabe, mich in die Welt zu begeben und Menschen kennenzulernen, ihre Geschichten zu hören und mich in sie zu verlieben. Und auch, Menschen zusammenzubringen – zum Beispiel wie morgen die Ladys vom Fitnessstudio, die mit mir zu einer Lesung von Heinz Erhardt gehen. Da ich keinen festgelegten Stil habe und mich in Sportkreisen, Pädagogik- und Hippiekunstkreisen, bei Alt oder Jung, bei religiösen oder esoterischen Menschen aufhalte, lerne ich, für alles offen zu sein und eingefahrene Leute manchmal von ihrer verkorksten Sicht abzubringen.

Das Leben lehrt uns alles. Man muss nur geduldig sein und sich wie eine weiße Leinwand bemalen lassen. Dies hat ganz viel mit dem Vertrauen zu tun, dass alles gut wird. Alles hat einen Sinn, alles ist richtig und macht uns stark und größer. Unser Herz wird größer, unsere Liebe wird wachsen, und dies wiederum macht uns glücklich. In jedem Menschen steckt Gutes. Es gibt nur unterschiedliche Möglichkeiten, dieses Gute rauszulassen und einen guten Weg zu gehen. So haben manche bestimmte Fähigkeiten, um Menschen zu helfen. Meine Psychotherapeutin zum Beispiel. Sie versucht, anderen Menschen zu helfen, sich selbst zu sehen und glücklich zu werden. Das hoffe ich zumindest. Die Liebe der Menschen muss wieder fließen, trotz aller Mauern und Narben, die durch Vererbung, während der Schwangerschaft oder durch Erfahrungen in die Menschen gelangen und dann von innen nach außen strömen.

Vielleicht ist Leidenschaft konzentrierte Liebe?

Was zum Teufel hat mich so tief fallen lassen? Ist meine egoistische Sichtweise dafür verantwortlich, dass ich gerne geliebt worden wäre? Wie kann ich meine Liebestanks wieder aufladen und mich nicht davon

verletzen lassen, wenn Menschen mir nicht die Zuneigung und Liebe entgegenbringen, die ich ihnen entge-
genbringe? Meine Therapeutin hat mir jetzt verschiedene Klopfpunkte aus der Akupressur gezeigt, die
meine extremen Emotionen wieder in normale Bahnen
lenken sollen. Morgen habe ich sogar einen Notfallter-
min, weil ich so sehr belastet bin. Es geht im Leben
darum, ein normales Level zu haben und nicht wie ich
in so extreme Emotionsspitzen zu verfallen. Ich kann
alle Emotionen, ob gut oder schlecht, so extrem fühlen,
dass es wehtut.

02.05.2018

Liebes Tagebuch,

heute habe ich mich noch mehr mit mir beschäftigt.
Okay, wann tu ich das nicht?! Aber gestern war ein
Meilenstein der Erkenntnis für mich: Psychologin,
Schreiben, Warten und meinem Patenkind ein Päckchen schicken, Physiotherapie, Treffen mit meiner
Seelenverwandten, Zumba mit meiner neuen Kollegin,
die mich wohl in Zukunft auf meinem Arbeitsweg
begleiten wird und dann Lesung. Ich habe bei der Psychologin gelernt, dass ich mich und meine Emotionen
durch Klopfen runterholen kann. Negative wie positive
Gedanken kann ich wieder runter- bzw. raufholen,
damit ich wieder vernünftig denken kann. Mein Körper
sagt mir, dass es mir schlecht geht, da beide Seiten des
Rückenstreckers total verkrampft sind. Das Gespräch
mit Kaja war so kraftschöpfend. Sie versteht mich. Sie
hat mit mir zusammen philosophiert. Durch ihre Erfahrungen habe ich so viel gelernt. Sie hat mir ein Buch

über Hochsensibilität gegeben. Ich hoffe, mich damit selbst erkennen zu lernen. Ich habe viel sehen dürfen. Ich möchte ein paar meiner Gedanken, die ich mit ihr haben durfte, in Worte fassen:

Kindheit – Schaden – aus jeder vermeintlichen Niederlage etwas Positives ziehen.

In der Kindheit manifestiert sich so viel. Meine Mama war immer da, mein Vater hat die Aufgabe der Erziehung meiner Mutter überlassen. Wenn er dann mal da war, war er sehr streng, und ich habe immer versucht, ihm zu genügen und ihm zu gefallen. Ich fand immer so schön, wie er gegessen hat, und auch seine Handschrift fand ich wunderschön. In meinen Augen wusste er alles, und dennoch hat er zu all meinen Ideen Nein gesagt. Alles wurde durch Negativität zerstört. Dann habe ich mich immer mehr distanziert. Er ist vielem gegenüber sehr negativ eingestellt, und ich weiß heute, dass ich seine Emotionen aufgenommen habe und seine Ablehnung mir und meinen Ideen gegenüber gespürt habe. Auch durch Nic wurde ich in meinen Ideen beschnitten. Ich hatte immer das Gefühl, unsicher in meinen Entscheidungen zu sein, und dass sie nicht richtig sind, denn die Ideen von meinem Vater und später von Nic waren so ganz anders als meine. Ich bin hochsensibel. Das ist keine Krankheit, sondern eine Gabe, die man nutzen kann, denn nur 20 Prozent der Bevölkerung empfinden so. Durch Aneignung von Informationen über dieses Thema kann ich mehr Nutzen und Zufriedenheit für mich finden. Dadurch treffe ich auch auf immer mehr Empathen.

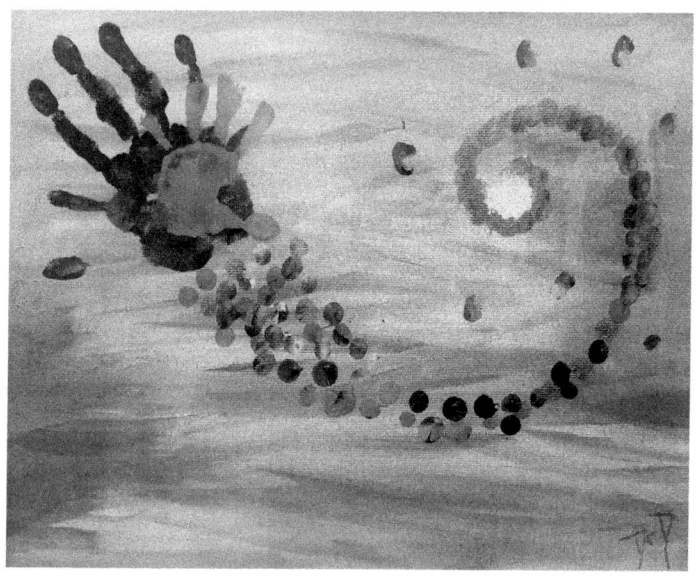

DIE REINHEIT EINES KINDES

Ich durfte mit Kaja auch herausfinden, dass wir so sehr
harmoniebedürftig sind, dass es uns schwerfällt, unsere
eigenen Interessen zu erkennen und unsere Bedürfnisse
anderen gegenüber zu vertreten. So konnte Kaja zum
Beispiel ihrer Nachbarin nicht sagen, dass sie bitte
gehen soll, damit sie ihr Neugeborenes in Ruhe stillen
kann, weil sie so nett war, auf einen Willkommensbe-
such mit Geschenk vorbeizuschauen. Und auch gestern
hat Natalie erzählt, dass ihr Ehemann, den so viele
Menschen für ach so perfekt und toll halten, gerade
einfach nicht mehr zur Arbeit geht, obwohl Weihnachten vor der Tür steht und die Kinder versorgt werden
müssen. Er meinte, dass alles gut gehen wird und sie

sich nicht so ins Hemd machen solle. Es geht um Vertrauen, das sie nicht mehr zu ihm hat. Ich kann ihre Gefühle und Gedanken nicht nur sehen, sondern auch nachspüren. Ich könnte ihr vielleicht helfen, indem ich mir mit ihr gemeinsam Gedanken mache, aber ich kann das gerade nicht aushalten. Ich muss ehrlich zu mir selbst sein und erkennen, dass ich gerade nicht die Kraft und Stärke habe, anderen bei ihren Problemen zu helfen. Ich kann zurzeit nicht noch mehr Belastung von außen aufnehmen, wo mein Herz doch gerade selbst so belastet ist.

Sehen – Erkennen – Benennen – Reagieren

Was will *ich*?

Was *will* ich?

Was will ich?

Und Dinge, die immer wiederkehren, sind vielleicht die Chance, zu lernen und sich an ihnen zu erproben. Sie geben uns die Möglichkeit, uns selbst zu ändern.

Du musst dein Leben ändern.

Du musst dein Ändern leben.

WUNDER

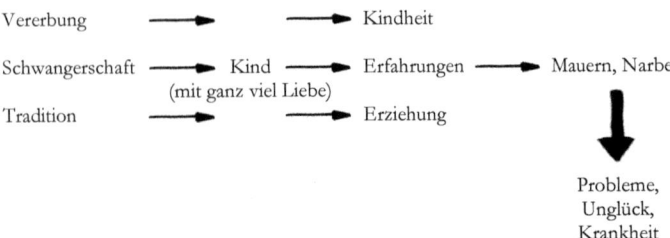

Jeder Mensch kommt mit einem ganz großen Herzen angefüllt mit Liebe auf diese Welt. Alles – die Geschichte der Familie, wie die Mutter in der Schwangerschaft gedacht und gefühlt hat oder wie sie vor ihrer eigenen Geburt kulturell und traditionell behandelt wurde – hat Auswirkungen auf diese Liebe. Sie variiert aber nur unwesentlich, weil alle Kinder Herzensmenschen sind. Nun wird das Kind geprägt durch Erfahrungen (zum Beispiel werden Männer, auch gerade was Emotionen angeht, noch anders erzogen, und Liebe ist immer noch eher weiblich konnotiert) oder Erziehung (zum Beispiel durch die Eltern, Lehrer, Erzieher im Kindergarten oder andere Bezugspersonen wie Nachbarn oder Freunde). Der Heranwachsende baut Mauern um sein Herz, und es bilden sich Narben. Dies verhindert, dass der Erwachsene Liebe empfangen oder geben kann.

Viele Menschen, die ich auf meinem Weg kennengelernt habe, sind total vernarbt und verbaut. Sie können nicht mehr viel Liebe geben, und die Liebe, die ich für sie empfinde, können sie nicht aufnehmen. Diese Menschen werden immer leerer und sind auf der Suche nach Liebe. Jede psychische Störung und jede körperliche Krankheit ist eigentlich nur ein Mangel ihrer Liebe und Ausdruck dafür, dass sie nicht glücklich sind.

Man muss versuchen, diese Mauern niederzureißen, und die Narben mit Liebe einreiben, damit Krebszellen keine Chance haben, sich auszubreiten, und Magengeschwüre keine Knoten in unserem Körper bilden können.

Negative Emotionen:

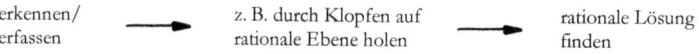

erkennen/ erfassen   →   z. B. durch Klopfen auf rationale Ebene holen   →   rationale Lösung finden

Man kann versuchen, durch Klopfen, Sport, Entspannung, Spaziergänge in der Natur, Shoppengehen, Baden, Schreien, Malen, Tanzen, Singen, oder indem man etwas anderes unternimmt, was einem guttut, seine hohe Emotionalität wieder in normale Bahnen zu lenken. Ich habe nun, um es mir zu beweisen, einen You-Tube-Channel eingerichtet. Ich möchte lernen, mich nicht mehr zu fürchten, und zeigen, wer ich wirklich bin. Außerdem muss man nicht auf alles sofort eine Antwort haben. Ich muss lernen, geduldig zu sein. Positive Gedanken sollen mein Leben bestimmen und leiten. Hoffnung soll immer bestehen. Durch meine Informationssammlung kann ich einen immer besseren Zugang zu mir selbst bekommen. Auch wenn ich damit ein gefundenes Fressen für Narzissten und Menschen bin, die sich durch mich sehen, spüren und verstehen wollen, ist es meine Aufgabe, Emotionen zu verstehen und sie mir und anderen zugänglich zu machen. Um das aber zu erreichen, brauche ich Ruhe. Ich höre durch andere Menschen mein inneres Kind nicht mehr oder habe es zum Schweigen gebracht. Durch innere Stabilität kann ich Ruhe finden, und dann kann ich mich selber besser hören.

17.05.2018

Ich sehe das Riesenschild mit dem roten Pferd. Ist das ein Pferd oder ein Zentaur? Darüber habe ich mir noch nie wirklich Gedanken gemacht. Was wollen die eigentlich mit dem Logo ausdrücken? Dabei wird sich doch sicher jemand etwas gedacht haben. Der Zentaur kommt aus der griechischen Mythologie.

Was steht da am Eingang auf dem Schild? Eröffnung erst in zwei Wochen. Ich bin den Tränen nahe. Meine Uhr zeigt nur noch 10 Prozent. Ich muss meine Energielevel unbedingt wieder aufladen. Mir wird schon etwas übel. Die Uhr habe ich erst seit ein paar Monaten. Ich bin eine der Auserwählten, die ab dem Tag der Uhrübergabe nun ihren Energielevel überprüfen können. Dies ist das einzige Geschäft, in dem Energie über die Uhr auf meinen Akku geladen wird. Mist. Ich kann nicht solange warten. Wahrscheinlich werde ich mich bis dahin nicht mal mehr aus dem Bett aufraffen können. Ich habe lange gespart, damit ich wieder aufladen kann. Denn Energie ist nicht günstig. Qualität hat ihren Preis.

Aber es nützt ja alles nichts. Etwas geknickt klingel ich an der Tür meiner Freundin.

Sie macht auf, strahlt mich an und nimmt mich beherzt in ihre Arme.

Da höre ich auf einmal blublulbulu. Verdutzt schaue ich auf meine Uhr. Sie hat sich um 20 Prozent aufgeladen.

Wir setzen uns in ihrer gemütlichen Wohnung an den Tisch und trinken Latte macchiato mit Baileysgeschmack und essen ihre leckeren, mit Liebe gemachten Kekse. Blbulbulb. Wieder 10 Prozent mehr auf meiner Uhr. Dann fängt meine Freundin an zu erzählen. Ihre Stimme ist so schön. Alle Gedanken, die aus ihr herauskommen, sind so farbenfroh und glitzernd. Blublbulbu. 20 Prozent mehr Energie. Dann beginne ich von mir und meinen Tagen zu erzählen. Ich schütte ihr mein Herz aus und erzähle vom Kampf mit dem Tiger und meinem Wunsch, mit dem fliegenden Teppich zu reisen. Sie hört mir zu, sie gibt mir Ratschläge, sie spricht mir Mut zu. Blublbulub. Meine Uhr zeigt mir 35468 Prozent an und blinkt wie wild.

Ich weiß gar nicht, wie ich meiner Freundin dafür danken soll. Durch sie habe ich gerade 2055 Euro gespart. Und sie will das Geld gar nicht haben.

Ich packe meine Sachen, und sie winkt mir zum Abschied. Bblbulblbub.

Die nächsten Tage lädt sich meine Uhr zwischenzeitlich immer mal wieder auf, wenn ich an meine Freundin denke.

Ich fahre Auto. Bblblublbu.

Ich gehe einkaufen Blblblub.

Ich male ein Bild. Bblblbub.

Das nächste Mal, wenn ich wieder zu ihr komme, muss ich daran denken, ihr eine Tüte voller Ideen und interessanter Gedanken als Dankeschön mitzubringen.

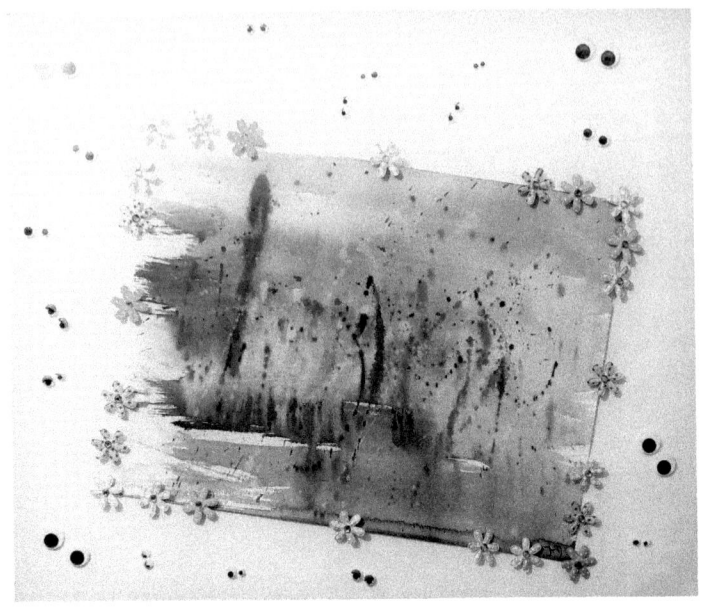

MEINE FREUNDIN KAJA

21.05.2018

Liebes Tagebuch,

Emotionen verhindern rationales Denken, sind aber Musen höchster Kreativität.

So habe ich Bilder gemalt, wenn ich mich so stark gefühlt habe, wie ich es als rational Denkende nicht einmal im Ansatz hätte sehen können. Ich habe angefangen, mich zu malen, und die Farbe einfach auf Papier und Leinwand fließen lassen. Danach habe ich angefangen, Menschen, die mich in irgendeiner Form berührt haben, zu malen. Ich habe ihre Musik gehört und gemalt, wie ich sie sehe. Das hat mir sehr viel Kraft gegeben, denn ich habe aus jedem Bild für mich eine Moral mitnehmen können, die mich gestärkt hat. Ich habe diesen Menschen zum Dank dafür, dass sie mich haben wachsen lassen, die Bilder geschenkt, und es war ein wahnsinniges Gefühl, eine so überwältigende Reaktion zu erfahren. Denn alle Menschen haben mir, manchmal sogar unter Tränen, gesagt, dass ich sie wirklich sehen kann. Das ist ganz wundervoll. Und letzte Nacht bin ich aufgewacht und hatte ganz fest den Gedanken in mir, dass ich Menschen sehen und fühlen kann und die Gabe habe, dies darzustellen. Mal sehen, was das für mich in Zukunft bedeutet.

12.06.2018

Liebes Tagebuch,

das darf doch alles nicht wahr sein! Ich habe lang nicht mehr geschrieben. Aber seit ich *ihn* kenne, kenne ich mich. Etienne! Er hält mir einen Spiegel vor, und wenn ich ihn ansehe, diesen wundervollen Menschen mit all den Gaben und Fehlern, dann sehe ich mich. Dadurch, dass ich ihn liebe, liebe ich mich. So ein Gefühl kenne ich nicht. Ich bin verwirrt. Ich bin freudig aufgeregt und ängstlich zugleich.

15.06.2018

Liebes Tagebuch,

ein Härchen sagt zu dem anderen: Komm steh auf, wir tanzen. Und so richten sich die Härchen an meinem ganzen Körper wie ein Dominospiel auf und tanzen zu dieser für andere unhörbaren Musik. Die Melodie nimmt mein Herz an die Hand und lässt es fliegen. Ein Kuss, eine Berührung, ein Blick. Mein Herz hüpft. Es tanzt und springt, und alle meine Atome, all meine Hormone beginnen zu wuseln.

ETIENNE, MEIN RITTERRETTERBESCHÜTZERHELD

Etienne deckt mich mit seiner Liebe einfach wie mit einer Decke zu. Alle seine Berührungen sind voller purer Zärtlichkeit. Liebe sprüht aus all seinen Poren, und aus seinen Augen strahlt so viel Wärme, dass ich mich einfach beschützt fühle. Es ist wie das Gefühl, das sich einstellt, wenn man ein lang gesuchtes Puzzleteil endlich findet und in ein großes nun Ganzes einfügt. Wo ist das Gefühl von Scham? Wo ist das Gefühl von Angst, von Wut? Ich höre ganz tief in mich hinein. Aber ich kann diese Gefühle nicht finden. Da in mir ist es überall schön warm, weich und bequem. Ich fühle mich sogar richtig wohl, obwohl er jetzt sogar meinen Bauch streichelt. Ich sehe gerade, wie sein Gesicht sich meinem Bauch nähert. Und jetzt küsst er meinen Bauch. Ich kneife die Augen zusammen, weil ich Schlimmes erwarte. Gleich wird sich mein Magen wohl umdrehen und mir wird vor Negativität schlecht werden. Ich werde auf dem Boden aufklatschen, ernüchtert sein und mich voller Pein und Scham zurückziehen. Ich werde wieder ganz klein sein, aufhören zu strahlen und grau werden.

Moment mal?!

Da ist gar nichts dergleichen zu fühlen. Nein, im Gegenteil, mein Bauch verzehrt sich nach mehr Berührung.

He, so kenne ich dich gar nicht …

Es ist auch nicht Berührung. Es ist Zärtlichkeit. Die Berührung ist wie ein Drumstick und mein Bauch die Trommel, mein Bauch ist die Geige und seine Hände sind der Bogen. Er beginnt, mich zu spielen und anstatt grau zurückgezogen zu werden, beginne ich zu strahlen. Und mein Bauch? Er streckt sich ihm entgegen. Er verlangt regelrecht nach seiner Haut, nach seinen Küssen.

Und er sieht mir voller Zärtlichkeit fragend und abwartend in die Augen, und nur sein Blick fragt mich, ob alles okay ist. Ich brauche gar nicht mehr antworten, denn mein Bauch schmiegt sich an ihn. Ich bin völlig erschrocken von so viel Hingabe und Offenherzigkeit meines Bauchs. Verblüfft sehe ich mit an, wie er sich windet unter seinen Händen und wie er es genießt.

Oft schon habe ich ihm gesagt, dass er sich nicht schämen muss. Auch andere haben das schon gesagt, aber gehört hat er nie darauf. Es zaubert mir ein Lächeln aufs Gesicht, zu sehen, wie ungewöhnlich sich mein Bauch verhält, und mein gesamter Körper spielt mit. Es ist, als ob mein Bauch jetzt die Haupttänzerin in einem Tanzstück ist und meine restlichen Körperteile nur Backgroundtänzer – mein Bauch, der bisher immer eine Nebenrolle gespielt hat. Nein, eigentlich gar keine Rolle, und wenn dann immer den Zerstörer, der alles kaputt macht. Und jetzt? Crazy abgefahren ...

Die Zeit bleibt stehen. Es ist, als wären wir nicht mehr auf dieser Welt. Wir sind gemeinsam ganz allein. Für uns. Nur wir beiden. Nichts hat mehr Bedeutung, und es ist, wie wenn der erste Schnee die Welt in Watte packt – irgendwie strahlend und glitzernd; rein und ruhig. Es ist aber nicht kalt, sondern angenehm wohlig warm dabei.

Seine Berührungen streicheln und umarmen meine Seele, die so sehr nach Liebe und Zuneigung dürstete und die in der Vergangenheit so oft falschen Vorstellungen nachgerannt ist. Ich fühle mich gehalten und liebevoll gewogen. Alles, was er tut, ist voller Liebe, und ich lasse mich fallen. Diesmal weiß ich einfach, dass ich nicht verletzt werde, weil ich mich in ihm wiedererkenne und weiß, dass er sich selbst lieber das Herz herausreißen würde, als mich je zu verletzen. Ich spüre, dass er mir nicht wehtun kann.

Er ist ganz Mann. All seine Gedanken und seine Emotionen sind auf Liebe gestellt, und er ist mein schon immer gesuchter Ritterretterbeschützerheld. Er ist stark und riesengroß, und ich fühle mich bei ihm beschützt und geborgen.

18.06.2018

Liebes Tagebuch,

jede Phase meines Körpers ist gespannt. Gedankenblitze lassen die Schmetterlinge in meinem Bauch wie wild tanzen. Hier ist nicht mal Platz für meine Lieblingsschokolade. Meine Füße können nicht stillstehen und schließen sich dem Schmetterlingstanz an. Ich habe das Gefühl, so zwei Zentimeter über dem Boden zu schweben. Die Gedankenblitze lassen zwei Schmetterlinge zu den Enden meines Mundes fliegen und sie die Mundwinkel nach oben ziehen.

Plötzlich kommt ein zweites Gedankengewitter angezogen. Dieses macht Blitze, die die Schmetterlinge schubsen und gegen den Kopf hauen. Ich befinde mich wieder auf dem Boden der Tatsachen. Und dann kommt wieder ein netter Gedankenblitz, und schon bin ich wieder in der Luft. Nun kommt ein blöder Gedankenblitz, und ich klatsche wieder auf den Boden. Jetzt kommt wieder ein schöner. Ich schwebe erneut. Und so hüpfe ich durch die Wohnung, bis es plötzlich an der Tür klopft.

Ich sehe Etienne an, und es haut mich komplett um. Sein Körper ist eingehüllt in etwas Schönes, Warmes und Liebevolles. Es ist wie eine Blase, die mich in sich zieht, als er die Türschwelle betritt. In dieser Blase kann ich fliegen. Wir versinken in einem Kuss, und all meine Sinne sind bei seiner Zunge, die zärtlich über meine Lippen fährt und mit der meinigen einen Tanz beginnt. Es ist ein Tango, mal langsam und voller knisternder Erotik, dann schnell und voller inbrünstiger Leidenschaft. Das Gewitter ist verzogen, und all meine Sinne sind in dieser warmen und leuchtenden Blase vereint. Sein Geruch ist atemberaubend und es ist, als könne nur sein persönlicher Duft mir die Luft zum Atmen geben. Er schmeckt wie flüssige Schokolade. Er schmeckt salzig, süß und scharf zugleich. Seine Haut ist warm und weich, und wenn meine Haut seine berührt, verschmelzen wir. Jede Berührung vereint uns, und sobald er sich nur ein paar Millimeter von mir entfernt, zieht es mich wie ein Magnet wieder zu ihm. Jede Berührung auf meiner Haut entfacht ein Feuer, und nach kurzer Zeit brennt mein ganzer Körper. Ich mache die Augen zu und fühle dieses Feuer auf meiner Haut. Es ist eine süße Qual, die mich schließlich in einen wilden Strudel reißt. Alles in mir dreht sich. Ich muss kurz innehalten und öffne die Augen. Er ist so schön.

Sobald ich ihn berühre, wächst mein Herz. Alle Ängste oder Sorgen verstecken sich vor diesem Gefühl, das in meinem Herzen immer größer wird. Ich möchte ihn mit mir zudecken und beschützen. Er ist so schön und zerbrechlich. Wenn ich in seine Augen sehe, dann befinde ich mich in einem Meer voller Farben und Formen. Da sind so viele Gefühle. Sie umspülen mich.

Ich umarme all diese Gefühle und gebe ihnen einen Kuss. Die Gefühle, die alle zuerst so wuselig waren, beruhigen sich und setzen sich. Sie beobachten, wie sich unsere Herzen vereinen und immer größer werden. Unsere Herzen füllen sich gegenseitig auf, und als sie zu platzen drohen, schließe ich meine Augen. Ich drehe mich ganz schnell in meinem Strudel, und ganz plötzlich werde ich mit einem gewaltigen Druck in die Luft katapultiert und bin ein Feuerwerk und explodiere in der Luft. Jetzt fliege ich. Ich bin ganz leicht und fühle mich wunderbar.

Ich lade ihn ein, mit mir gemeinsam eine Weile zu warten und zu sehen, wo uns das Leben hinspült. Ich bin ein ungeduldiger Mensch und kann oft wie ein Kind Dinge nicht erwarten, aber ich weiß einfach ganz genau, dass dieser Mensch alle Unannehmlichkeiten und Qualen dieser Welt wert ist. Ich schenke ihm mein Herz.

Etienne nimmt es in seine wunderschönen Arme, umschließt und küsst es und verspricht, gut darauf aufzupassen.

29.06.2018

Liebes Tagebuch,

ich habe Angst, dass mein Herz platzen könnte, wenn ich meine Liebe nicht rauslasse ... Ich muss diese Liebe, mit der du mich anfüllst, einfach rauslassen. Ich könnte jeden Menschen auf der Welt umarmen und küssen. Du bringst mein Herz in eine gute Richtung, und ich fühle mich bei dir geborgen, gehalten und beschützt. Wenn du an mich denkst, dann spüre ich das, und es kitzelt in meinem Bauch. Da schon wieder … Du machst mich ganz aufgeregt und sehr glücklich.

Ich habe so viel Böses in den letzten Jahren erlebt und auch erfahren, dass Liebe, wenn sie falsch gelenkt ist, mehr zerstören kann, als dass sie glücklich macht. Aber deine Liebe ist so rein. Sie ist so ohne Vorwürfe, böse Hintergedanken, überhaupt nicht egoistisch und so groß …

EINLADUNG ZUM GEMEINSAMEN WARTEN

02.07.2018

Liebes Tagebuch,
die Vorstellung, dass wir uns schon einmal kennengelernt haben, ist irgendwie erschreckend und beruhigend zugleich.

Du meinst, dass wir über levee schon einmal geflirtet haben – wahllos, ohne einander zu kennen. Ohne zu wissen, welche Person dir da wirklich schreibt. Und genauso wahllos macht ein Kommentar oder ein Gedankensprung alles kaputt. Weil sich alles in nichts auflösen kann. Ganz einfach und ohne viel Aufwand. Keine Verantwortung, kein schlechtes Gewissen. Warum? Weil man es kann. Weil es alle so machen und weil man schon so oft Opfer anderer geworden ist, die es genauso machen. Eigentlich ist dies nicht, wie wir denken. Wir können Menschen nicht wehtun, sie nicht vor den Kopf stoßen oder ihnen diese schlimmen Gefühle geben, die sie uns so oft geben. Und dennoch haben wir es getan.

Doch wenn wir uns damals kennengelernt hätten, wären wir nicht da, wo wir jetzt sind. Vielleicht hätten wir uns getroffen, und es wäre nichts aus uns geworden. Was auch immer. Denn es war nicht unsere Zeit. Etwas hat dafür gesorgt, dass wir zum richtigen Moment an der richtigen Stelle waren. Weil wir uns kennenlernen sollten. Nur eben nicht schon damals.

Du bist mein Gegenstück. Ein riesiges Puzzleteil meines Wesens und meines Lebens. Mit jedem Teil, was ich durch dich an mir finde, werde ich immer mehr ich. Du vervollständigst mich und lässt mich sehen, wer ich bin.

20.07.2018

Liebes Tagebuch,

da gibt es an deinem linken Ohr ganz genau zwei Muttermale. Das eine befindet sich am Rand deiner perfekt geformten und filigranen Ohrmuschel, das andere ein paar Millimeter daneben. Wenn man ganz lang darauf schaut, dann ist es, als ob diese beiden perfekt geformten Punkte sich aufeinander zubewegen. Sie bewegen sich Mikronanobabymillimeter aufeinander zu. Und dieses Aufeinanderzugehen ... oder -laufen oder -rennen in Zeitzeitzeitlupe setzt eine Energie frei, die Teile deines Körpers anstecken und mit Liebe füllen.

Wenn ich mir deinen Hinterkopf ansehe, bitte entschuldige mein Starren, dann ist es, als ob jede deiner Poren ein Haar gebiert, mit dem einzigen Ziel, irgendwann einmal so lang zu sein, dass es dich umarmen und halten kann.

Jetzt beginnst du zu schnurren, und mein Verstand macht einer unglaublich großen, umfassenden und komplett beseelenden Liebe Platz. Ich bin beseelt von dir, und auch wenn manch einer dein niedliches Mit-der-Nase-Pfeifen, dein starkes Einatmen und dein Schnurren als profanes Schnarchen bezeichnen mag, so ist es für mich doch die schönste Melodie. Sie klingt in meinen Ohren, und diese Melodie zaubert mit ein Lächeln ins Gesicht und dann klingt sie tief in mir. Sie bringt meine Seele, mein Herz zum Klingen.

Alle deine Muttermale sind kleine Kunstwerke, und bei jedem Blick entdecke ich ein neues Wunderwerk. Entzückt mache ich auf dir Malen nach Zahlen. Es ist wie ein vorgefertigter Weg, eine Landkarte, die sich einmal über deinen Körper erstreckt. Jeder Punkt zeigt nur ein kleines Türchen zu einer neuen Facette.

Ich trau mich nicht, mich zu bewegen. Ich habe Angst, ich könnte deinen Schlaf stören. Ich wünschte, du könntest für immer neben mir liegen. Jede Sekunde würde ich deiner kunstvollen Melodie lauschen und Malen nach Zahlen auf dir spielen, um in diesem Leben

nur vielleicht einen kleinen Bruchteil auf deiner Landkarte zu erkunden. Oh my … Jetzt bewegst du auch
noch deine Lippen im Schlaf. Alles an dir ist so sinn-
lich, so rein und scheint die Hauptzutat Liebe zu haben. Dein Rücken ist eine bemalte bunte Fläche, und
wenn meine Hände mit ihr in Berührung kommt, dann
ist es, als würden sie zu schlittenfahrenden Kindern
werden. Mühsam, aber voller Vorfreude, geht es den
Berg hinauf und voller Energie und mit ganz viel Spaß
geht es hinunter, im Schnelllauf vorbei an dem Mut-
termal, das aussieht wie eine Sternschnuppe oder ein
kleiner spielender Hund. Alle kleinen Härchen geben
uns den Platz frei, und meine schlittenfahrenden Finger
jauchzen nur so vor Freude.

Ganz unbewusst sendest du kleiner Schlawiner
Düfte aus, die mich so sehr betören, dass es mich
schier umhaut und ich mich kurz sammeln muss, um
wieder einen klaren Gedanken fassen zu können.

Jede Faser und jede Zeitphase deines Körpers fasziniert und inspiriert mich. Da … Jetzt hast du dich
umgedreht und zeigst mir wieder etwas Neues, Span-
nendes von dir. Eine Haarsträhne kitzelt dein Gesicht,
und ich muss sie dir sofort aus dem Gesicht streichen.
Alles, was deinen Schlaf oder dein Glück stören könnte, möchte ich am liebsten kaputthauen. Du bist in
allem so stark, aber gleichzeitig ist da eine so filigrane
Zerbrechlichkeit, die mich dich beschützen lassen will.
Am liebsten würde ich dich mit meiner Liebe zudecken
und wie eine Blase um dich aufpumpen, und wenn du
mich dann verlassen musst, dann schützt dich diese
Blase vor allem Bösen der Welt. Dann prallen Be-
schimpfungen und Hässlichkeiten der Welt einfach an

der Blase ab und werden mit doppelter Geschwindigkeit wieder zurückkatapultiert. Die Person wird sich das nächste Mal fünfmal überlegen, ob sie sich mit dir anlegt, wenn die gesandte Boshaftigkeit doppelt so hart wieder zurückkommt. Und du musst dein gutes und schönes strahlendes Herz gar nicht dreckig machen.

Du hast gestern vor Kummer geweint. Hast du gemerkt, dass ich diesen Schmerz mit dir geteilt habe? Ich habe diese Emotion von dir aufgenommen, und wir sind beide damit eine Weile Zug gefahren. Deine Tränen haben mich berührt und an die Hand genommen, so dass mein Herz das deinige umarmen konnte. Und nach einer Weile gemeinsamen Verweilens, da sind wir zusammen ausgestiegen aus diesem Zug. Warum? Weil wir auch diese Emotion geteilt haben und unsere Herzen aneinander aufgefüllt haben.

Wir können alles schaffen, was wir wollen, solange unsere Herzen sich wieder aufladen mit der Liebe des anderen. Manchmal tut es sehr weh, da draußen die Kälte der Welt mitzuerleben, und manchmal werden wir von ihr zu Boden gerissen.

Mein Liebster, ich möchte dir hiermit versprechen, jeden Tag deines Lebens deine Emotionen mit dir zu teilen, die guten wie die schlechten. Beseele mich mit den Emotionen, die dich beflügeln, die eine so große und starke Leidenschaft bei dir entfachen, dass es wie ein Feuer alles in deiner unmittelbaren Umgebung in Brand setzt. Lass mich dir dafür etwas zurückgeben, mich für dich da zu sein, wenn die Gedanken und Gefühle kommen, die deinen Tag verdunkeln und dein Herz schwer werden lassen, und es Lasten tragen muss, für die es eigentlich viel zu zart ist. Lass mich dir dann

immer ein wenig von dieser Last abnehmen. Das kann
ich. Denn du hast mich ja zuvor so leicht gemacht, dass
ich fliegen kann.

Oh, jetzt hast du dich umgedreht. Deine Hand
verweilt jetzt auf meinem Bein, und ich kann mich auf
nichts anderes konzentrieren. Jede Linie hier erzählt
eine andere Geschichte, Geschichten aus deiner Vergangenheit. Da gibt es ganz spannende und aufregende
Geschichten. Aber da sind auch traurige und böse
Dinge, die deine Hand erzählt ... Deine Vergangenheit
ist ein Buch voller Geschichten, deine Gegenwart ist
ein Abenteuer und gibt und nimmt so viel, dass es wie
im Rausch ist. Deine Zukunft ist wie eine Offenbarung,
wie ein Märchen, das tatsächlich wahr zu werden
scheint.

Du vervollständigst mich. Du machst mich zu einem besseren Menschen. Du spiegelst mich. Du inspi-
rierst mich, und vor allem lässt du mich wachsen. Immer wenn ich mit dir zusammen bin, dann habe ich das
Gefühl, Zentimeter um Zentimeter größer zu werden,
und diese Liebe, die da in mir drin ist und die ich an
andere Menschen abgebe, wird durch dich aufgefüllt.
Durch dich kommen Liebe, Kreativität und Spaß in
mein Herz, und ich habe das Gefühl, dass ich anderen
Menschen dadurch noch mehr geben kann, und ich
weiß, dass du das auch kannst. Alle Menschen, die auf
dich treffen, werden von deiner Lebensenergie, deinem
Ideenreichtum, deiner Naivität, die dich die Welt mit
wissbegierigen Kinderaugen erleben lässt, regelrecht
gefangen genommen, und deine Liebe lässt auch diese
Menschen wachsen. Manchmal wissen sie es nicht, aber
wenn sie später einmal an dich zurückdenken, dann

werden sie bemerken, wie zauberhaft du bist und welche Magie von dir ausgeht. All das kann ich bereits jetzt sehen, und ich danke dir dafür, dass du mich so verzauberst und so wundervoll bist.

Und dafür gebe ich dir mein Leben, mein Herz, meine Liebe und mein Vertrauen. Wissend, dass dies nie genug sein kann für dieses kurze Leben, in dem wir gerade verweilen dürfen und einander haben.

Und jetzt drehst du dich wieder um, und ich sehe, wie deine Halsschlagader pulsiert. Du schöne Hülle einer noch schöneren Seele! Deine Finger bewegen sich im Schlaf, und dein Blut drückt gegen deine Haut, als ob dich dein Herz dadurch noch größer machen möchte, als du jetzt schon bist. Es sorgt im Schlaf dafür, dass dein Haus bewohnbar ist. Und dafür allein liebe ich dein Herz, dafür dass es auf dich aufpasst und dich am Leben hält.

Nun legst du deine Stirn in Falten, und ich kann nicht anders, als diese glattzuküssen.

Ein Leben ist nicht lang genug, um dir zu zeigen, wie ich für dich empfinde und was du aus mir machst.

Wenn ich mir dein Gesicht beim Schlafen betrachte, kann ich nicht aufhören damit und fühle mich manchmal etwas gehetzt, weil ich weiß, dass ich irgendwann einmal damit aufhören muss. Irgendwann wirst du aufwachen, und dann werde ich nicht mehr so ungestört gucken können, und irgendwann wirst du wieder gehen müssen, um in dein Leben zurückzukehren. Daran darf ich gar nicht denken, denn ich werde zurückbleiben, um dann wieder in mein Leben zu gehen. Dabei wünsche ich mir, dass irgendwann die Zeit kommt, wo unsere Leben zusammenfallen, wo wir unseren Alltag teilen dürfen. Ich möchte zu deinen Wurzeln werden und nicht mehr nur das Feuer sein. Das wünsche ich mir so sehr.

Und weil ich dich liebe, schenke ich dir all meine Zeit und kratze jeden Krümel Geduld zusammen, den ich in meinem kindlich-naiven Herzen finden kann, und übe mich in Vertrauen.

Bis an mein Lebensende möchte ich jeder Pore deines Körpers Hallo sagen und jede Faser persönlich erfahren lassen, wie sehr ich sie liebe. Ich lege jeden Tag und meine Liebe in dieses Vorhaben, auch wenn ich bis an mein Lebensende nur einen Bruchteil dessen geschafft haben sollte.

To be continued ...

Und die Moral von der Geschicht′ ...

Ich hoffe, Sie konnten sich von den Worten mitreißen lassen und mitfühlen. Ich denke, die Quintessenz aus allen Briefen an mich während dieser schweren Zeit ist, dass Selbstakzeptanz und Selbstliebe Diana zu guter Letzt auf einen guten Weg gebracht haben. Zwar muss sie weiterhin an sich arbeiten, aber sie hat die Liebe in der Welt erkannt und kann sie leben. Auch wenn sie durch Nic und Ben viele Narben bekommen hat, so haben die beiden sie auch wachsen lassen. Doch auch nach der Trennung ist Diana weitergewachsen, sie fing sogar erst so richtig damit an. Nic und Ben sind wundervolle Menschen, aber sie ließen Diana nicht sie selbst sein und wollten, dass sie sich für sie verstellt. Vielleicht ist Etienne nicht der Märchenprinz in Dianas Leben. Doch im Moment nimmt er sie so, wie sie ist, mit all ihren Fehlern und Schwächen und schenkt ihr seine bedingungslose Liebe. Und auch wenn dies irgendwann vergehen sollte, was hoffentlich nicht geschieht, dann hat Diana doch zu sich selbst gefunden.

Somit alles Gute ...

Das liebe Tagebuch

dielus edition
Bücher für ein besseres Leben

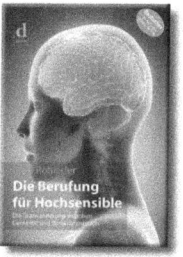

Luca Rohleder
Die Berufung für Hochsensible
Die Gratwanderung zwischen
Genialität und Zusammenbruch
ISBN 978-3-9815711-4-1

Dr. Herman Rühle
Was bin ich? Wie bin ich? Wozu bin ich?
Wie ich erkenne, wer ich wirklich bin
ISBN 978-3-9819383-4-0

Susanne Gärtner, Katrin Bliedtner-Sisman
Aufbruch in den Raunächten
Meditationen, Rituale und praktische Übungen
für die heiligen Tage und ein anderes Jahr danach
ISBN 978-3-9820125-0-6

Monika Richrath
Die Geheimnisse
des gesunden Schlafs
Ursachen für Schlafstörungen entdecken und auflösen
ISBN 978-3-9819383-8-8

Uma Ulrike Reichelt

Schnell & sicher ins Burnout

5 Glücksgesetze, die Sie missachten müssen,
um schnell alt, krank und unglücklich zu werden
ISBN 978-3-9818928-4-0

Sandra Tissot

Du bist umwerfend

Werde dir deiner selbst bewusst
ISBN 978-3-9819383-2-6

Denise Schäricke

Insidertipps Onlinedating

Wie Sie Ihre Chancen, die große Liebe
im Internet zu finden, deutlich erhöhen können
ISBN 978-3-9819383-0-2

Luca Rohleder

Die Liebe empathischer Menschen

Die Gratwanderung zwischen
wahrer Liebe und seelischen Verletzungen
ISBN 978-3-9817975-8-9

dielus edition

Bücher für ein besseres Leben

Andrea Riemer

Botschaften vom Leben

Marie, das Leben, die Liebe und der Tod

ISBN 978-3-9818928-6-4

Monika Richrath

EFT Klopftechnik für Hochsensible

Wie Sie in nur 2–5 Minuten
mehr Lebensfreude herbeiklopfen können

ISBN 978-3-9817975-4-1

Silvia Christine Strauch

Meine Hochsensibilität positiv gelebt

Persönliche Einsichten aus einem langen, bewegten Leben

ISBN 978-3-9817975-0-3

Sandra Tissot

Hochsensibilität und die berufliche Selbstständigkeit

Wie sich ein Sensibelchen selbstständig machte
und seine Lösung für das hochsensible Berufsleben fand

ISBN 978-3-9817975-6-5